有學

北朝石刻書法研究

黄辉　靳慧慧　著

浙江古籍出版社

图书在版编目（CIP）数据

北朝石刻书法研究 / 黄辉 , 靳慧慧著 . -- 杭州：
浙江古籍出版社，2023.6

（有学）

ISBN 978-7-5540-2639-7

Ⅰ . ①北… Ⅱ . ①黄… ②靳… Ⅲ . ①石刻文—研究
—中国—北朝时代 Ⅳ . ① K877.404

中国国家版本馆 CIP 数据核字（2023）第 116312 号

有学

北朝石刻书法研究

黄 辉 靳慧慧 著

出版发行 浙江古籍出版社

（杭州体育场路 347 号 电话：0571-85068292）

网　　址 https://zjgj.zjcbcm.com

责任编辑 翁宇翔

文字编辑 奚　静

封面设计 吴思璐

责任校对 吴颖胤

责任印务 楼浩凯

照　排 浙江时代出版服务有限公司

印　刷 浙江海虹彩色印务有限公司

开　本 880mm×1230mm　1/32

印　张 6.75　插　页　2

字　数 180 千字

版　次 2023 年 6 月第 1 版

印　次 2023 年 6 月第 1 次印刷

书　号 ISBN 978-7-5540-2639-7

定　价 58.00 元

如发现印装质量问题，影响阅读，请与本社市场营销部联系调换。

序

　　北朝石刻书法，是一个很有意思的话题，历史上人们对它褒贬不一，贬者如颜之推说："北朝丧乱之余，书迹鄙陋，加之专辄造字，猥拙甚于江南。"褒者如康有为说："魏碑无不佳者，虽穷乡儿女造像，而骨血峻宕，拙厚中皆有异态。"北碑书法研究的兴起与清代碑学密不可分。从接受学的角度来看，它经历了如过山车般的惊险和刺激，北齐人将对它的鄙视写进了《颜氏家训》，清代人对它的推崇又到了无以复加的程度，使得书法史的进程出现了重大转折。今人谈北碑，往往有意无意中受清人影响，觉得有各种美。当我们津津乐道于北朝石刻书法"骨法洞达、结构天成、血肉丰美"的时候，有没有从北朝的历史、环境、立场、书写者的角度探究过其中的得失？当清代碑学过去了两个世纪时，我们应当对此有一个更为客观的认识，摘下有色眼镜，不为碑学帖学之争所扰。

　　谈北碑，不能不谈清代。北碑本与千年以后的清代无关，它静静地躺在那儿，未承想在金石考据学兴盛之时，人们眼睛一亮，心潮澎湃，挖掘到了它新的审美意涵，为书法开一新境，由此北碑不再真实，成为清人眼中的北碑。北朝石刻书法究竟要如何看待？鄙陋在何处？峻宕在何处？哪些是经典？哪些是糟粕？这些恐怕都是我们后人要逐步解决的学术问题，道阻且长。我们既要将它还原到原来的那个历史情境中，又要不失当代人自己的眼光去重新审视。

北朝佛教盛行，建寺院、造石窟、刻摩崖、写墓志，所以一时摩崖石刻、造像题记、碑刻墓志大量涌现，石刻成为北朝书法的主体。尤其是摩崖刻经依山凿石，气势雄伟，令人震撼，成为北朝一种独特的文化现象，引起人们的关注。北朝石刻书法的发展大致经历了这么几个过程：首先是从十六国到北魏孝文帝迁都之前，多沿旧习，隶楷交织；其次是孝文帝迁都之后到北魏后期，形成特色鲜明的魏体楷书；再次是东魏、西魏至北齐、北周时期，一方面出现南北交融痕迹，另一方面又出现复古倾向。而在这些石刻中，既有先书后刻，又有不书而刻、以刀代笔，书手和刻工之间又不免出现很大的差异。好的刻工能传笔意，有些刻工则不关注笔意，只剩下刀痕，且有程式化、工艺化倾向，形成自己的刻工定式。可以说北朝石刻呈现给我们的是书手和刻工共同完成的作品，因此研究北朝石刻，既要关注写，也要关注刻，而这两者恰恰都缺乏深入的研究。北朝刻石，从地理上看，有位于洛阳，有地处边陲；从工艺上看，有精工细刻，有粗制滥造；从书手来看，有一流书家，有下层工匠。因此，对于北朝刻石的艺术性和在书法史上的价值不能一概而论。

西学东渐打开了清人的视野，今天的人们更多处在众多学术思潮并存之下，不再单一接收某种观点，信息量之大，人们变得越来越冷静客观地看待事物。《北朝石刻书法研究》便是在这样一个大环境下完成的，作者不囿于地与时，不囿于帖与碑，是今人对北朝石刻的再度认识，以期还原一些真实。本书着重围绕北朝石刻的三种典型书法形态而展开，即摩崖刻经、墓志隶书、魏碑体。通读全书，其主要内容大约有四：一、以书史为线索，梳理了北朝墓志隶书的新变和北朝碑刻书体的风格；二、由书法本体出发，探讨了摩崖刻经的书体类型和墓志隶书的书写特征；三、从创作者的角度，研究不同载体、写刻的差异；四、从接受的视角，列举清代碑学大家对北碑的实践和探索。作者从四个方面出发，不去求大而全，而是将北朝石刻中的几个问题理清。其写作特点也很明晰，既有用历史的眼光宏观论述，将其置于北朝历史情境中，又有点画技法的具体分析；既有实地考察，耳目不为成见所限，又有文献征引，不人云亦云；既对当代研究成果颇为关注并加以引用，又有自己独立的思考和建构。本书对于了解北朝石刻及其在清代的影响具有一定的学术价值，我们也期待今后的研究能一步一步还原北朝石刻的真相，将研究推向纵深发展。

　　黄辉、靳慧慧伉俪以书稿问序，有感于二人各自的研究成果汇聚于此，又惊讶于二人心有灵犀，曾经无意中选择了相近的硕士论文选题，今天又能合二文成一书，角度不同，互为补充，如此协调，不分彼此，真艺坛一段佳话。黄辉低调内敛，书学研究沉得下心来；靳慧慧聪颖脱俗，草书创作大气从容，均给我留下深刻的印象。看得出来，此书只是他们一段小小的插曲，阶段性的研究成果，相信他们会在各自的追求中有更多的成果问世，体现出八零后一辈人在书学研究中的贡献。

金　丹

壬寅立秋于金陵江声草堂

目　录

绪　论

　　历史上的北朝，指东晋之后与南朝相对的北方政权，即从北魏统一北方，经北魏、西魏、东魏、北齐、北周、西梁等政权，至隋统一中国前的这一时期。在书法史研究中，常将西晋南迁后，北方十六国时期的书法也纳入到北朝研究的体系中来。北魏早期的书风不仅延续了十六国铭石书的特点，其点画特征对北魏后期铭石书的定型也起到了先导作用。南北朝时期，社会动荡不断，但此时期却是中国文化艺术的大发展时期，新旧因素交织在一起，成就辉煌。这些文化成就在中国文化发展史上具有承上启下的作用。与此同时，北朝的书法也呈现出自身的发展轨迹，主要围绕铭石书从隶书向楷书过渡这样一个话题展开。它不仅产生了风格鲜明的魏体楷书，而且在北魏邙山地区还出现了刻工精致、用笔讲究、结构谨严的墓志。在佛教刻经方面，不仅出现了典型魏晋风格的隶书，甚至在魏体楷书成熟之后，还出现了楷隶交混甚至掺入古文字的复古思潮。

　　北朝的书法是以石刻为体系构建起来的，它是由墓碑、墓志、佛道造像碑、造像题记、石塔、摩崖刻经等各类刻石组成。祝嘉在《书学史》中讲："石刻以北朝为至多，书体亦以北朝为至备，真书至此，尽善尽美，无以复加，故讲碑学者，舍北碑无门。"[1]纵观北朝时期

---

① 祝嘉：《书学史》，岳麓书社，2011 年版，第 99 页。

的石刻书法，魏体楷书的成熟和新变是突飞猛进的。不仅有代表上层贵族文化审美的楷书作品，也有因摹仿汉魏时代古风而形成的隶楷交混的书体。清代道光以后，碑派书法迅速崛起，魏碑书法被纳入书法史研究的视角中来，创作成就斐然。自 20 世纪 60 年代以来，学术界已经开始重视北碑的书学史地位，已有不少的研究成果出现，但是对北碑石刻发展的内在逻辑思辨、艺术审美的比较以及碑帖取法的利弊关系仍有继续研究的必要。

《北朝石刻书法研究》是对北朝碑刻进行的一次专题研究，本书关注了北朝碑刻的多种典型书法形态，即北朝摩崖刻经、墓志隶书、魏碑体、写经书法、佛道造像碑、北凉书风。本书研究的视角不仅仅局限于书法艺术风格的分析，而是从书法学、文字学、接受美学、金石学等诸多视角来审视北朝石刻在文字史、书法史学、文人接受史等方面的历史价值。在具体的论述中，打破了以碑谈碑的阐释模式，而是将北朝碑刻置于书法史中从而去考察其历史演进规律，以此对书法的审美形态进行分类，并溯其源流。北朝石刻在书法的发展中位置极为重要，在碑学大兴的时代几乎达到了与帖学半分天下的局面。以今日之学术现状对北朝石刻进行分类研究，对当前的书法学科建设仍然有着现实的指导意义。

首先，本书以北朝摩崖刻经的书法审美类型及渊源为着眼点进行了分类研究，属于书法学和字体学 [①] 综合研究的范畴。目前，对北朝摩崖刻经书法类型的研究，存在三种典型的观点：一为隶书说，研究者主要从隶书发展的角度，考察隶书的典型特点，把隶书中出

---

① 汉字学至今已经形成了四个方面的分支：汉字构形学、汉字字体学、汉字字源学、汉字文化学。汉字字体学是指不同时代、不同用途、不同书写工具、不同书写方法、不同地区所形成的汉字书写的大类别和总风格。一般把隶书、楷书称作正规字体，行书、草书称作变异字体。研究汉字字体风格特征和演变规律，探讨变异字体，行书和草书结构的变异规律，是汉字字体学的任务。王宁：《汉字构形学讲座》，上海教育出版社，2002 年版，第 10 页。

现的部分楷书因素视为隶书的变量。二为隶楷书体说，研究者注重在隶书的发展流变中介入楷书的书体特征，把隶书和楷书的特征置于相同位置研究的视野。三为写经体的放大体说，研究者从六朝写经风格入手，考察写经与刻经书法的共性。以上三种观点，在北朝摩崖刻经书法的研究中最有代表性。本书把北朝时期山东、河北、河南地区的刻经书法分成四大类型，即隶楷相掺类型、典型隶书类型、通俗隶书类型、楷书类型，并对其相应的类型进行书法风格和渊流的分析。就隶楷相掺类型来讲，书法中隶书夹杂楷书因素的现象在两汉的大量简牍帛书上就已出现，古隶衍生出了楷书，实用性的通俗隶书和八分书共同影响了楷书笔画的形成。石刻作品亦如此，从三国东吴的《谷朗碑》到隋唐之际的数百年间，尤以北朝时期的碑刻最为显著，数量众多、风格多变。隶楷相掺书法类型不只限于刻经、书经，在墓志、造像题记、石碑、题记等形式中皆有存在。然而刻经书法由于其特殊的功用，往往表现出自身的个性特点。其次，通过对北朝刻经中典型隶书与同时期其他石刻隶书的关系进行比较，可以看出北朝刻经中的典型隶书其书写水平在同时期是较高的，并影响了同时期其他石刻隶书。最后，将北朝刻经书法与同时期的写经、刻经碑进行比较，可以发现，刻经中着意强调的笔画与写经书法如出一辙，这又为刻经与写经书法内在的相似性提供了又一佐证。而刻经中的楷书类型与北周时期南方的写经书法极为相似，可见刻经书法中的隶楷相掺类型及楷书类型受到了写经书法的影响。刻经碑是刻经的另外一种形制，早期刻经碑书体特征与摩崖刻经书法是相同的，后期的刻经碑已经是成熟的楷书了。

　　本书对北朝石刻中具有隶书典型笔画特征的一类墓志进行了研究，而这类墓志主要集中于北朝晚期的河北、河南地区。以往的研究者在研究隶书时，往往把侧重点放在秦隶、汉隶上面，多关注简牍帛书墨迹的研究，而忽视对北朝石刻隶书的研究。由于墓志深埋于地下的原因，墓志特殊的用途、功能使得其书法面貌又呈现出与汉魏隶书迥异的特点。

十六国时期的碑刻大多书刻草率，代表性碑刻有《鲁潜墓志》《邓太尉祠碑》。北魏太平真君之前的一百四十余年，晚清的金石学家叶昌炽也仅见到建元年间刻立的《广武将军碑》[1]［前秦建元四年（368），现存西安碑林］、《邓太尉祠碑》以及元玺三年（354）的《白石神君碑阴》题字。除叶昌炽记载外，1975年3月在甘肃武威县城北赵家磨村还出土了《梁舒墓表》［前秦建元十二年（376），现存武威文庙］，此墓表部分横画保存波磔笔意、结体欹侧、捺脚的写法已为标准的楷书用笔了。

北朝前期是魏碑体大发展的时期，也是汉字逐渐楷化的关键时期。北魏早期孝文帝迁都洛阳之前的百余年间，汉字的楷化趋势在十六国时期就已经明显地表现出来[2]，这一时期的铭石书可视为西晋十六国铭石书风的延续。比如《大代华岳庙碑》［北魏太延五年（439）］。从记载来看，北魏太和以前的碑刻，金石文献著录绝少。对北魏早期碑刻的研究，往往可以追溯到太和年间的碑刻。20世纪90年代末发现的《韩弩真妻王亿变碑》［约为北魏太和十八年（494）］，此铭文为具隶意的楷书，结体方整，其折笔、方挑和捺脚的写法已是较为成熟的楷书写法，此碑是北魏早期铭石书的典型碑刻。刻于平城晚期的《晖福寺碑》（488），其字体面貌已接近洛阳时期的楷书新体。

汉字的楷化也影响到了北朝的隶书，并表现出了一些新的特征。

---

[1] 此碑原在陕西白水县史官村仓颉庙，乾隆初不知下落。民国九年（1920）碑在陕西白水县仲日镇彭衙村寒崇祠中被重新发现，经西安碑贾谢秀峰传拓出售，大行天下。1972年移置西安碑林。上海图书馆藏有俞原藏本，卷轴上端有壬辰年（1952）冬吴湖帆的题尚。

[2] 党现强：《十六国书法与楷化趋势》，《书画世界》，2011年1月，总第143期，第4页。

如：几种书体的写法同时出现在一篇石刻中，或者包含不同书体风格的笔画出现在同一个字中，这是北朝石刻隶书的最大特点。横画、捺画的"蚕头燕尾"也明显收敛，饰美功能逐渐下降，折画由汉隶中的两笔对接或者圆弧形向方折形过渡，笔画的转折处增加了较大的提按，而有些字的结构已经完全是楷书的结构了。

从清代末年到 20 世纪 30 年代，北朝墓志的出土达到了一个高峰。东魏以后，墓志多出于邺都附近[①]，即今河南安阳、河北磁县一带[②]，而邙洛墓志几近绝迹。西魏墓志仅有数方，出土地点都在西安附近，所见墓志的字体刊刻轻浅靡弱，出土墓志多为这些朝代皇族戚属与贵族官员的陪葬品。这一阶段墓志的大量出土，以及外国收藏者大肆购买中国古代艺术品的行为，从而刺激了盗掘古墓的不良风气也有密切关系[③]。北周墓志数量不多，书风与北齐略同[④]。另外，山东地区也有北朝时期的墓志出土[⑤]。

最后，本书对北碑在清代中后期文人的接受情况进行了分析。清代以前，取法北碑者绝少，比较典型的书法家有唐代李邕、颜真卿。

---

①　在河北南部古邺城附近的大量北朝墓中，出土了相当数量的北朝豪门望族人士墓志，其年代包括北魏孝昌、武泰、正光，东魏天平、元象、兴和、武定，北齐天保、天统、太宁、武平，北周大象等。这些墓志反映了当时这一地区世族大姓林立的现象，为研究北朝地域政治、民族关系等重要问题提供了可贵的资料。赵超：《古代墓志通论》，紫禁城出版社，2003 年版，第 70 页。或见赵超：《古代石刻》，文物出版社，2001 年版，第 63 页。

②　罗宗真：《魏晋南北朝考古》，文物出版社，2001 年版，第 84 页。

③　赵超：《古代墓志通论》，紫禁城出版社，2003 年版，第 55 页。

④　华人德：《论北朝碑刻中的篆隶真书杂糅现象》，《中国书法》，1997 年 1 期，50—53 页。

⑤　《崔德墓志》[北齐天统元年（565），光绪间益都出土]、《刘忻墓志》[北齐武平二年（571），早年益都出土]、《傅华墓志》[北齐武平七年（576），1977 年历城出土]、《时珍墓志》[北周宣政元年（578），光绪七年诸城西古娄出土]、朱林橚墓志[北周大象二年（580），1985 年博兴马家村出土]。

元代赵孟頫对元魏《定鼎碑》"亦尝仿之，谓得隶法可爱"。[①]明代刘邦佐1551年书《重修静明宫殿门记》[②]，书风与《吊比干文》相似；乔世宁1563年书《重修开化寺碑》[③]，北碑迹象极为明显。在当时崇尚帖学的氛围中，这些只是偶然现象，没有形成气候。宋代的金石学虽然使得大量的北碑进入金石学家的视野中，但没有推动对北碑的取法。宋代欧阳修《集古录跋尾》，吴处厚、黄伯思《东观余论》，董逌《广川书跋》都曾对北碑进行评价，偶有赞赏，却没有深入研究。明代中后期，北碑拓本逐渐出现，据王壮弘《增补校碑随笔》记载，《中岳嵩高灵庙碑》有明中叶拓本、明拓本，《石门铭》《李仲璇修孔子庙碑》《修太公吕望祠碑》《玄极寺碑》《高阳王湇墓志》有明拓本，《爨龙颜碑》有明末清初拓本。[④]

　　除了北碑的出土外，清初士人对北碑的访拓活动也使一些北碑得以面世。清初学者有感于明朝灭亡，并将朝代更替归罪于晚明多元化的哲学文化思潮。为了冲破晚明流行的主观内省式哲学和"清谈"之风，重塑儒家经典，顾炎武开始倡导经史考证，由此带动了金石学的兴起。据史载，雍正乙巳（1725），王化洽访得《朱君山墓志铭》于田刘村神祠中，"当时拓得数纸。迨乾隆戊午（1738）王氏复广拓之"。[⑤]乾隆年间，阮元在编纂《山左金石志》时，云峰山刻石相关碑拓资料就委托益都的段松龄为之代访搜集，而有些拓片直接从黄易处录寄。乾隆年间，黄易"最初只拓北魏《始平公造像记》一品，

---

① ［清］沈曾植：《文嘉论子昂书》，参见《明清书法论文选》，上海书店出版社，1994年版，第922页。

② 常志诚、张光溥：《耀州历代书画名人传略》，陕西省铜川市耀州区政协，2006年6月版，第67页。

③ 常志诚、张光溥：《耀州历代书画名人传略》，陕西省铜川市耀州区政协，2006年6月版，第73页。

④ 以上记载见［清］方若原著、王壮弘增补：《增补校碑随笔》（修订本），上海书店出版社，2008年版，第144、155、172、237、248、259、269页。

⑤ ［清］方若原著、王壮弘增补：《增补校碑随笔》（修订本），上海书店出版社，2008年版，第263页。

后增《孙秋生》《杨大眼》《魏灵藏》为四品"。① 偃师武亿访得《姜
纂造像记》。② 后来，吴荣光、缪荃孙二人将龙门造像书法题记增至
千余品。在这种访碑的热潮下，以龙门造像为代表的魏体楷书，以
雄强刚健的审美特征进入了文人的视野。

　　宋、清两代同有金石学，但碑学却没有在宋代兴起，其原因在
于清代更加重视经学和文字学，使得清人对北碑的搜求更加广泛和
持续，并由文字而注意其书法。乾嘉时期的经学、考据学使历代碑
刻在史料、名物、文体、文字等方面的历史价值获得更大的认可。
清初以来，为了重塑儒家经典，关注目标一直都聚焦于汉碑，学术
风尚使然，对北碑文史、文体、文字方面的价值也渐渐重视起来。
虽然同治时期张得容还认为"六朝以降"之碑中无"圣贤之典要忠
孝廉节名教循良之事行"，又多"浮屠不经之说"③，而"汉碑则更
有进者，其文辞多古义，可以助经学，其字体多古雅，可以订小学"。
而此时对北碑史学价值的赞赏已见端倪，沈青崖跋《敬史君碑》中云：
"虽尺寸风云，亦可补史策之阙略矣。考古者兼搜古金石刻，岂徒
宝其书与文哉？后之好古者善护之。"④ 武亿跋《义桥石像碑》云"河
南范君实夫……为予言……其列名称号皆古质可爱，予觅人拓之，
如范君言"⑤。均说明了清人对北碑史料、名物价值的重视。爱屋及乌，
甚至对别体字也十分包容，如赵绍祖跋《李仲璇》云："惜其文之

①　[清]罗振玉：《石交录》卷三，见《贞松老人遗稿》（甲），《民国丛书》第5编96册，上
海书店出版社，1989年版。

②　[清]方若原著、王壮弘增补：《增补校碑随笔》（修订本），上海书店出版社，2008年版，第
260页。

③　[清]张得容：《二铭草堂金石聚》，参见《石刻史料新编》，新文丰出版有限股份公司，1986年版，
第2辑，第3册，第1721页。

④　[清]王昶：《金石萃编》，中国书店出版社，1985年版，卷三十二之八。

⑤　[清]王昶：《金石萃编》，中国书店出版社，1985年版，卷三十一之七。

不传于今哉，而此幸存者，即什袭珍之亦不为过，而顾可以其字迹之多别体欲鄙夷而弃之哉！"①

在这种金石热潮下，金石学逐渐扩大了它的搜集范围。乾隆中期以后，许多地方志都增加了金石学一科，金石学家也开始分区域来搜集碑版，出现了《潜研堂金石文跋尾》（钱大昕1768年著，姚学甲1781年续）、《关中金石记》（毕沅，1781年）、《中州金石记》（毕沅，1788年）、《偃师金石遗文记》（武亿，1788年）、《孟县志》（仇汝瑚，1788年）、《两汉金石志》（翁方纲，1789年）、《山左金石志》（毕沅、阮元，1795年）、《抱经堂文集》（卢文弨，1795年）、《授堂金石文字续跋》（武亿，1796年）、《蛾术篇》（王鸣盛，1797年）等金石著作，王昶于1805年完成了金石学巨著《金石萃编》。至此，北碑已经受到金石学者的关注，成为了金石文献不可或缺的重要组成部分。

清代道咸之后，拓本的鉴藏也使北碑得以广泛流传。乾隆后期，大部分古代书画名迹都被征入内府，民间收藏失去了藏品来源，所以私人鉴藏的目标发生转移。②咸同以后，北碑出土日渐增多，其中又以造像数量最多③，再者，清代前中期的金石之风以及阮元、包世臣对北碑的理论鼓吹，早已赋予了造像记、碑版一定的文献价值；1840年鸦片战争至1851年太平天国起义期间，社会更加不稳定，造像记拓片因此成为比较稳定的流通之物。此外，有一些官员、商人为了金石研究、雅玩炫博，而大力搜集造像记拓片。何绍基《咸丰

---

① [清]赵绍祖：《古墨斋金石跋》，《石刻史料新编》，新文丰出版有限股份公司，1986年版，第2辑，第19册，第14090页。

② 刘恒：《中国书法史·清代卷》，江苏教育出版社，1999年版，第97页。

③ 杨守敬云："南北朝碑碣所存者不过数十通，惟造象不可纪数。"见[清]潘存辑、杨守敬编：《楷法溯源》凡例，光绪三年七月杨守敬刻本，成都古籍出版社，1989年影印版。

二年日记》云"捡出仲远所收北朝造像重出者卅六种"①；1863年沈树镛请赵之谦选定魏齐造像二十品②；同治九年（1870）二月，河南太守德林亲赴洛阳，登古阳洞，选定南壁魏造像十品，标为《龙门十品》③，促进了碑刻的搜集、保护与鉴藏活动。

碑学书法是对传统书法史的颠覆和对新书法史学的构建，使碑学研究成为一个重要的课题。碑学在阐释书法源流、重塑审美风格、开拓取法范围、总结用笔经验等诸多方面已取得突破和进展，形成一个流派体系。但时至今日，碑学书法对当下创作的影响以及借古开今的得失，尚没有得到系统的分析和评判。在这种困境之下，通过剖析清人学习北碑的想法、取舍，挖掘碑学风格的历史内涵，对我们今天正确对待北碑、提高艺术感受力、拓宽书法创作的风格类型，有着重大的意义。

在碑学书法阐释上，不但要从阮元、包世臣、刘熙载、杨守敬、沈曾植、康有为、李瑞清等人的书论去评判碑学审美风尚，还应该要对北碑经典作品进行评判并从取法者的数量上寻找依据。只有对接受群体进行系统分析，才能清晰地揭露出士人学碑的规模及其对碑学的真实态度。

在碑学创作上，邓石如、何绍基、翁同龢等书家都走出了个性化的创作之路，开创书法审美新风。何绍基学北碑主张引篆隶意趣入楷书，追求古拙生涩的审美趣味，其创作水平无疑是碑学实践期的代表性书家。

在碑学研究上，必须从清人对北碑的评价和创作取向上寻找内部原因。碑学的研究和传统的书法史研究最大的不同，在于北碑作

---

① [清]何绍基：《东洲草堂日记》，国家图书馆藏。

② 徐珂编撰：《清稗类抄》第9册，中华书局，1986年版，第4446页。

③ 邹涛：《赵之谦年谱》，荣宝斋出版社，2003年版，第117页。

品大多为无名书家书写，而且时代所著录的书家又甚少，叶昌炽在《语石》卷七所列的北朝书家也仅为郑道昭、赵文渊、萧显庆、王长孺、穆洛、梁恭之等人。这些缺少文献记载的书家的艺术成就显然无法与帖学名家相抗衡，这种区别使得我们无法像研究王羲之和颜真卿那样进行传承性的研究，因为历代对他们的解读已经积淀成一个有序的帖学系统，对他们的阐释已经形成一个相对统一的文化认识。这种以书法名家建立起来的传承谱系，是碑学无法比拟的。立足于北朝石刻作品自身，结合碑派书家的创作成就，来探讨碑学发展的艺术规律，其意义也尤为重要。

第一章　北朝石刻书法的多元并存

一、摩崖刻经

佛像和佛经的刊凿是北朝鼎盛时佛教活动的产物，但是佛教造像却早于刻经。清代叶昌炽指出："至魏太和中始有造像，然尚未刻经也。"[①] 北朝的佛经除了手写以外，也有石刻佛经，石刻佛经主要集中在北齐时代。刻经与写经一样，其目的在于传播佛教教义、弘扬佛法。北朝刻经多依山而凿，这与当时佛教徒的活动区域有一定的关系，受山石载体的限制，刊刻的内容又有着自身的独特样式，佛教题名、偈语、佛经节录是其重点。数量庞大的经文急需冲破书写载体的限制，南北响堂寺刊刻的佛经，对石面的利用率达到了极限，佛教僧侣对石面的空间安排，做了精心的设计。有的刻经刊凿于刻经洞的环壁上，有的刻经被刻于露天的石壁上。中皇山巨大的露天石壁满足了这一需求，当我们驻足于石壁下，满壁的经文给人的震撼和视觉冲击，瞬间把我们带回到了那个时代。佛经的载体空间被放大，出现了整段的佛经，刻经书法的文字刊刻精美，极具书法审美价值，既有写经体样式的经文书写，又有新潮的大字经文，代表

---

① ［清］叶昌炽：《语石校注》，今日中国出版社，1995年版，第427页。

了那个时期的民间审美风尚。刻经的分布场域，一定程度上反映了佛教徒的活动范围，其历史遗存为我们探究佛教兴盛的深层次原因、民间信仰、供养人和朝廷官员在传道中扮演的角色提供了大量的历史信息。

北朝后期摩崖刻经的出现，与北魏太武帝、周武帝两次灭佛有着极大的关系。魏太武帝任用崔浩，奉行寇谦之的天师道。公元440年，改元"太平真君"，限制沙门，征兵僧侣。太平真君六年（445），太武帝至长安，发现佛寺藏有兵器、财物和妇女，遂从崔浩之议，自谓"承天之绪，欲除伪定真，复羲农之治"，诏令魏境悉坑沙门，破毁佛像胡经。建德六年（577），周武帝以佛教费财伤民、悖逆不孝为名，正式宣布毁法，名僧净影慧远、前释任道林等面争无效，遂于北周全境扫尽官私所造一切佛塔，"融刮圣容"，焚烧经典。"八州寺庙，出四十千，尽赐王公，充为第宅；三方释子，减三百万，皆复军民，还归编户。"[1] 两次灭佛活动，使得佛教僧徒面临着前所未有的法难，在他们看来，写经纸本容易毁坏，不利于保存，以刻石的形式更加利于保存。铁山《石颂》："金石难灭，托以高山，永留不绝。"《唐邕刻经碑》："眷言法宝是所归依，以为缣缃有坏，简策非久，金牒难求，皮纸易灭。于是发七处之印，开七宝之函，访莲花之书，命银钩之迹，一音所说，尽勒名山……山从水火，此方无坏。"这些说法与当时的末法思想有关。刻经的真正目的，是为了防止法灭[2]。后来，隋代的房山刻经也延续了这一做法。南北朝高僧慧思，有感于北魏太武帝与北周武帝的两次灭佛，遂发宏愿，

---

① 汤用彤：《汉魏两晋南北朝佛教史》，北京大学出版社，1997年版，第189—192页。又见任继愈：《佛教史》，江苏人民出版社，2006年版，第353—389页。又见[唐]李延寿撰《北史》（纪一）第56页，（纪二）第359—360页，中华书局，1974年点校本。

② 政协邯郸市峰峰矿区委员会：《响堂山石窟艺术》，中国文史出版社，2010年版，第139页。

刻石经，秘藏于岩穴中。其弟子静琬于隋大业年间到房山开始刻经，"以备法灭"，为了能够长期保存佛教经典，免于毁坏，他们将经版保存在石经山上的 9 个山洞和云居寺南塔前的地下，这些刻经文字镌刻精美、章法分明，一般以方丝栏分界。北京房山云居寺和石经山不仅保存有隋代静琬所刻的经版，还留存有唐、辽、金、明代的刻经。

北朝前期的摩崖刻经始于北魏永平二年（509）间，河南博爱青天河刻《法华经·普门品》（即《观音经》开首），次年（510）山西平顺铭《观音经》全文，山东黄石崖也有少量东魏刻经，洛阳有北魏碑侧《不增不减经》，河南禹县东魏（540）杜氏造像碑下方铭《高王观世音经》。总体来讲，北朝前期刻经总体数量较少，并没有形成一定的刻经规模。

北朝摩崖刻经的分布主要集中在北齐境内两大区域：一为山东泰峄山区的泰山、徂徕山、水牛山、铁山、冈山、葛山、尖山、峄山、洪顶山等。二为太行山东麓以邺城为中心的小南海、南北响堂寺、中皇山。

（一）山东泰峄山区的刻经

魏晋南北朝时期山东地区佛教的发展，是佛教在中国传播和发展的一个重要组成部分。山东的许多著名僧尼，如竺法汰、释慧观、惠始、安令首等，大多师从长安、洛阳、邺城、建康等佛教中心的高僧，并且他们和这些佛教中心保持着极其密切的联系。[①] 在佛教鼎盛发展的时期，与邺城地区的刻经相呼应，山东地区也出现了规模宏大的刻经活动。（表 1-1）

---

① 赵凯球：《魏晋南北朝时期山东佛教概说》，《文史哲》，1994 年 3 期。

1. 泰山经石峪刻经

泰山经石峪刻经位于泰山南麓斗母宫东北 1 公里处。经文《金刚经》刻在一片巨大的花岗岩石坪上，其面积约 1200 平方米。刻经自东向西计 47 行，每行字数 10—92 字不等，字径 50—60 厘米（图 1-1、图 1-2）。因破坏严重，刻经现仅存 1382 字（有残字统计在内）。经后无发愿文或题记，也无经主及书丹人题名。西部刻经多为双钩，笔画很浅，稍有剥蚀字迹即逝。这些双钩字，是当时没有完工的半成品，刻经行与行之间有界格[①]。

图 1-1　泰山经石峪刻经

---

① 　赖非：《山东北朝佛教摩崖刻经调查与研究》，科学出版社，2007 年版，第 46 页。又见高育民等：《山东泰山经石峪摩崖刻经及周边题刻的考察》，《考古》，2009 年 1 期。

图 1-2　泰山经石峪刻经局部

2. 新泰市徂徕山刻经

　　徂徕山刻经位于泰安至新泰市之间徂徕山上，在其附近及不远处映佛岩上，共有刻经、佛名、题名 6 处：《大般若经》（图 1-3）、王子椿等题名、胡宾题名、"弥勒佛"等题名、《文殊般若经》、映佛岩题名。

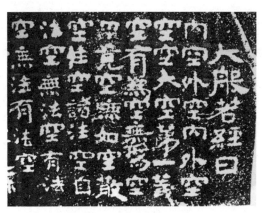

图 1-3　《大般若经》局部

3. 汶上县水牛山刻经

该刻经位于汶上县白石乡小楼村东水牛山之阳摩崖石壁上。花岗岩，刻面高 2.6 米，宽 1.95 米，6 行，行 9 字，字径 27 厘米。内容选自梁曼陀罗仙译《摩诃般若波罗蜜经》（图 1-4）[①]。

图 1-4　《摩诃般若波罗蜜经》局部

4. 邹县（现邹城市，后同）铁山刻经

铁山刻经现位于邹城铁山公园院内，位于铁山公园的西半部分，其山势不算太高；花岗岩石质，石质易剥离；字迹十分模糊，因此多数字迹已辨认不清，所有的字并不是大小均一。有《大集经·海慧菩萨品》《石颂》和孙洽、李巨敖等题名。《大集经·海慧菩萨品》位于摩崖石坪上部，其刻面长 53 米，宽 15.6 米。经文刻在巨大的线刻碑形图案中，碑首刻六龙缠绕，额题 "大集经" 3 字（双钩）。

---

① 赖非：《山东北朝佛教摩崖刻经调查与研究》，科学出版社，2007 年版，第 70—71 页。

碑身线刻界格，碑身下刻双龟形图案，仿碑趺而作。经文 17 行，行 57—62 字，字径 50—70 厘米。自"佛言善男子云何名为穿菩提心"始，至"一万六千人皆得无生法忍"止。此段经文在《大正大藏经》之《大集经》中称曰《海慧菩萨品》，昙无谶译，而《石颂》谓《穿菩提品》。《石颂》位于经文左下方，其刻面长 17 米，宽 3.5 米，12 行，行 43—52 字，字径 22 厘米。孙洽等题名以及"东岭僧安道一署经"位于经文、石颂下方。现存刻面长 3.25 米，宽 3.4 米，6 行，行 3—10 字，字径 19—30 厘米。李巨敖题名，据清道光十四年（1834）马星翼纂《邹县志稿》卷十一载：铁山石崖之左石屏上还有题名数行，题刻不知所在，有拓片传世[1]（图 1–5）。

图 1–5　铁山刻经全貌

① 赖非：《山东北朝佛教摩崖刻经调查与研究》，科学出版社，2007 年版，第 102—120 页。

5.邹县冈山刻经

冈山在邹城北近郊，铁山北邻，海拔 243 米（图 1-6）。花岗岩石质，山上有刻经 2 种：一为《入楞伽经·请佛品第一》节文，现存大字《入楞伽经·请佛品第一》节文共 27 石。为方便叙述和查找，现取每刻石前 2 字作为该刻之名，以记之。"如是"刻、"楞伽"刻、"城中"刻、"性所"刻、"炎如"刻、"复有"刻、"香"字刻、"一时"刻、"流"刻、"布"刻、"百"刻、"千"刻、"妙"刻、"音"刻、"重"刻、"岩"刻、"处"刻、"明澈"刻、"复能"刻、"现皆"刻、"思如"刻、"众皆"刻、"种"刻、"他方"刻、"三昧"刻、"神通"刻、"二种"刻。另一为《佛说观无量寿佛经》节文，在东区"鸡嘴石"上。刻东、南两面，内容连贯。《佛说观无量寿佛经》，南朝宋西域三藏畺良耶舍译。此外有题名、佛名若干。《入楞伽经》同段节文刊刻 2 遍：一为散刻大字书写，字径 30—40 厘米，分布在东、西两区 30 余块巨石上（图 1-7、图 1-8、图 1-9）；另一是较为集中的小字书写，字径 10—20 厘米，分布在东、西两区 5 块巨石上（"如是"刻、"园香"刻、"日月"刻、"法得"刻、"与大"刻）①，内容与散刻大字相同。

图 1-6 冈山刻经的外围环境

图 1-7 冈山"明澈"刻石

---

① 赖非：《山东北朝佛教摩崖刻经调查与研究》，科学出版社，2007 年版，第 127—152 页。

图 1-8　冈山"鸡嘴石"刻石

图 1-9　冈山"他方"刻石

6. 邹县葛山刻经

葛山刻经位于邹城东 13 公里大束镇葛庄村北 1.2 公里北山西麓巨大石坪上(图 1-10),其海拔 235 米。经文长 21 米, 宽 8.5 米。隶楷书,10 行,行 42 字,字径 50 厘米。内容为《维摩诘经·见阿閦佛品第二十》。经文下方刻题记①。

图 1-10　葛山刻经的外围环境

---

① 笔者通过实地考察发现:当地人称葛山为葛炉山,葛山分为北葛山和南葛山,北葛山有石刻文字,南葛山无。此外,《维摩诘所说经》又称《不可思议解脱经》,有七译,今存其三:一为吴支谦所译二卷本《维摩诘经》,二为后秦鸠摩罗什所译三卷本《维摩诘所说经》,再有唐玄奘译六卷本《说无垢称经》。其中,罗什译本流传最广,葛山所刻《见阿閦佛品》即节选于此译本。题名,经文下方刻题记 6 行, 行 5 字,风化严重。赖非:《山东北朝佛教摩崖刻经调查与研究》,科学出版社,2007 年版,第 120—126 页。

7. 邹县尖山大佛岭刻经

该刻经位于邹城东6公里尖山（当地人曰朱山）之东山岭上。山岭石面阔平，因镌有"大空王佛"4大字，故后有"大佛岭"之称。刻经、题记分别刻在石坪与"支锅石"（当地人称）上，共有经文2段，佛名1处，经名1处，偈语1处，题记、题名10段，共四百余字。惜在1960年修西苇水库采凿石料时被炸掉，目前除"支锅石"上还残留个别笔痕外，其他均已荡然无存。流传的拓片成套者很少（图1-11）。

图1-11　僧安等题记选字拓片

今据山东省博物馆与泰安市博物馆所藏拓片及有关文献记载，可知刻有如下内容：僧安等题记，徐法仙题名，"文殊般若"题名，《文殊般若经》节文，年款题刻，唐邕妃等题名，"大空王佛"题名，《思益梵天所问经·问谈品》节文，"大都经……"题名，"比丘尼……"题名，"经主□骑伏儿……"题名，"都维那……"题名，"诸行无常偈"，"振息长达"题名，"沙门僧安道壹"题名。①

8. 邹县峄山刻经

峄山又名邾峄山、邹山，位于邹县城东南十公里。山势挺拔，怪石嶙峋，风光尤佳，为山东名山之一，有"小泰山"之称。其中，北齐刻经题名共3处，即《文殊般若经》（之一）、《文殊般若经》（之二）（图1-12）、何能等题名。

---

① 赖非：《山东北朝佛教摩崖刻经调查与研究》，科学出版社，2007年版，第81—92页。

邹县峄山妖精洞《文殊般若经》（之一）

峄山《文殊般若经》拓本（之二）

图 1-12　峄山北齐刻经

9.洪顶山刻经

洪顶山位于东平县旧县乡屯村铺东北 1.5 公里，海拔 368 米。有大洪顶、二洪顶之分，石灰岩质，经文刻在二洪顶西麓"凹"字形山谷南、北摩崖石壁上。山上有刻经、佛名、铭赞、题名、题记共 22 处，其中北摩崖壁 16 处，南崖壁 6 处（图 1-13 ~ 18）①。

此外，山东泗水县有北齐皇建二年（561）刻造的《维摩诘经·见阿閦佛品》节文。滕州市的陶山、宁阳凤凰顶、东平银山以及临朐县明道寺舍利塔地宫出土的北朝佛像均有佛铭。

 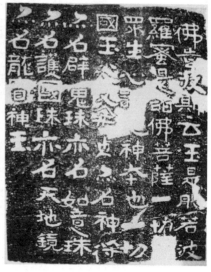

图 1-13　《摩诃般若经》局部　　　图 1-14　《仁王经·受持品第七》局部

---

① 赖非：《山东北朝佛教摩崖刻经调查与研究》，科学出版社，2007 年版，第 16—38 页。又见《山东东平洪顶山摩崖刻经考察》，《文物》，2006 年 12 期。

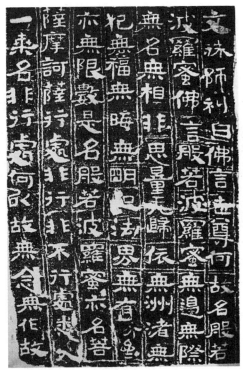

图 1-15　《文殊般若经》（之一）

图 1-16　《文殊般若经》（之二）

图 1-17　"大空王佛"　　　图 1-18　"僧安道壹"铭赞

（二）以邺城为中心的刻经

古都邺城，在今河北省临漳县邺镇，地处太行山东麓，华北大平原西部，地理环境较为优越。自曹魏定都于邺以后，遂成为北方政治、经济和文化中心之一。十六国时期，后赵、冉魏、前燕相继建都于此。北魏永熙三年（534），大丞相渤海王高欢拥立孝静帝，自洛阳迁都邺城。北齐隆化元年（577），北周武帝陷邺城，灭北齐。邺城作为东魏、北齐的国都存在了四十三年。邺城地区的佛教，从后赵时期的佛图澄、释道安始，就已经形成了相当的规模。北魏明元帝、太武帝、孝文帝、孝明帝时，这里已是高僧云集的地方。东魏、北齐时，邺城是中外高僧向往的地方，他们在此开窟造像并刊刻佛经（表 1-2）。

1. 小南海

小南海石窟位于安阳灵泉寺东南 5 公里善应村龟盖山南麓，面临洹水，因距自然山泉——小南海不远，故称"小南海石窟"。石窟现存洞窟三座，分别坐落在龟盖山南麓的石灰岩断壁上，均开凿于北齐天保年间。三洞窟内的石刻造像，风格、题材大同小异，其建造规模也十分相近。

中窟：其门额上方大块经过整修的岩石上镌刻《方法师镂石板经记》①（图 1–19），云：

大齐天保元年，灵山寺僧方法师、故云阳公子林等，率诸邑人刊此岩窟，髣像真容。至六年中，国师大德稠禅师重莹修成，相好斯备。方欲刊记金言，光流末季，但运感将移，暨乾明元年岁次庚辰，于云门帝寺奄从迁化。众等仰惟先师，依准观法，遂镂石班经，传之不朽。

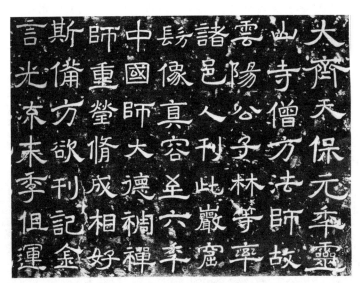

图 1–19　《方法师镂石板经记》拓本局部

在窟门之右还刻《华严经偈赞》和《大般涅槃经·圣行品》。②

---

① 此石板经记是为纪念方法师等人开窟造像之举而作，并不是方法师本人所镂。此石刻的相关文献可参考清代陆增祥的《八琼室金石补正》卷二十一。

② 河南省古代建筑保护研究所：《河南安阳灵泉寺石窟及小南海石窟》，《文物》，1988 年 4 期。

2. 北响堂寺

北响堂石窟位于河北邯郸新市区西北 15 公里鼓山西坡山腰间（图 1–20），主要有北齐开凿的北洞、中洞、南洞三大窟。其中，南洞为刻经洞（图 1–21）。窟内前壁刻《无量义经·德行品》，窟外前廊刻《佛说维摩诘经》（图 1–22），窟外右壁刻《佛说弥勒下生成佛经》《胜鬘师子吼一乘大方便方广经》和《孛经》，窟外左壁刻《无量寿经·优波提舍愿生偈》，前廊左侧角廊柱上刻《佛说佛名经》，窟顶左侧刻《摩诃般若波罗蜜经》和《现在贤劫千佛名经》，窟外半山腰又刻《大般涅槃经·师子吼菩萨品》。南洞窟外有《唐邕写经记碑》，此碑刻于武平三年（572）五月（图 1–23），此碑详细介绍了刻经起因、人物、内容和时间，是考察北响堂刻经最直接的材料。①

图 1–20 北响堂山石窟的全貌

---

① 赵立春：《响堂山石窟北朝刻经试论》，《文物春秋》，2003 年 4 期。

图 1-21 北响堂山刻经洞外景

图 1-22 《佛说维摩诘经》局部

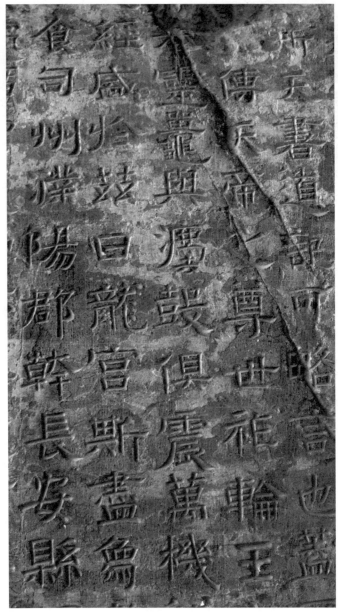

图 1-23　《唐邕写经记碑》局部

3. 南响堂寺

　　南响堂石窟在北响堂石窟南十五公里鼓山南麓，距邺城三十公里。凿有主要洞窟 7 个，分上、下两层（图 1-24）。下层有 2 个窟，其中一号窟刊《华严经》之《四谛品》《光明觉品》《明难品》《净行品》（图 1-25），二号窟刊《文殊般若经》卷下节文、《大集经·海慧菩萨品》（图 1-26）、《摩诃般若波罗蜜经·法尚品》。上层有 5 个窟，其中四号窟内壁刊《妙法莲华经·观世音菩萨普门品》，窟外刻《文殊般若经》卷上节文（图 1-27）；六号窟外崖面刊《大般涅槃经·圣行品》"诸行无常"偈。[①] 响堂山的刻经依附在造像窟内，与石窟的整体结构相融合。

图 1-24　南响堂的般若洞及华严洞

---

① 赵立春：《响堂山石窟北朝刻经试论》，《文物春秋》，2003 年 4 期。

图 1-25 《华严经》局部

图 1-26 南响堂般若洞《文殊般若经》《大集经》拓片

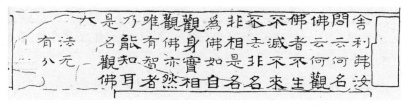

图 1-27　《文殊般若经》卷上节文　复原图[①]

4. 中皇山

河北省涉县中皇山，亦称唐王山，在县城西北 15 公里清漳河左岸的索堡镇。摩崖刻经镌刻在山腰娲皇宫，俗称奶奶顶、西顶（图 1-28）。建筑背后的山崖上，这里属太行山八陉之第四陉滏口陉的腹地，自古就是秦晋与齐鲁间的交通要道。中皇山上有专门的刻经窟，形成了经像和经文共存的情况。目前刻经尚存留 6 处，2 处在石窟内壁，四处在露天绝壁上，已不全。由南而北依次是：《思益梵天所问经》（图 1-29、图 1-30、图 1-31）《十地经》《佛垂般涅槃略说教戒经》《佛说盂兰盆经》《深密解脱经》（图 1-32）《妙法莲华经·观世音普门品》，共计 13.1 万字，是我国现存摩崖佛经时代早、字数多的一处。[②]

关于邯郸北朝摩崖佛经的时代，除响堂寺石窟《妙法莲华经·第三化城喻品第七·十六佛》为隋代、响堂寺石窟《滏山石窟》之碑为北齐末年至隋代初年所镌刻外，其余均是北齐及北齐末年所镌刻。[③]然而，关于南北响堂寺的刻经的年代问题，亦存有分歧：赵立春认为北响堂石窟建造的上限应在东魏天平元年（534），至迟在东魏武

---

① 尤丽莎：《北朝六世纪邺城近畿与泰峄山区佛经之关系》，中国美术学院 2002 届硕士论文。

② 马忠理等：《涉县中皇山北齐佛教摩崖刻经调查》，《文物》，1995 年 5 期。

③ 马忠理：《邯郸北朝摩崖佛经时代考》，焦德森主编：《北朝摩崖刻经研究（三）》，内蒙古人民出版社，2006 年版，第 52 页。

定五年（547），石窟已基本建成①。刘东光认为北响堂石窟凿建于天保年间（550—559），南响堂石窟凿建于天统元年至北齐亡期间（565—577）②。

此外，河南省安阳市郊的灵泉寺内有北齐《司徒公娄叡华严经碑》，邺城地区附近还有香泉寺石窟刻经，窟口外两侧分别选刻《华严经》、水浴寺石窟刻经③等。

图1-28　娲皇宫全貌

① 赵立春：《从文献资料论响堂山石窟的开凿年代》，《文物春秋》，2002年2期。

② 刘东光：《响堂山石窟的凿建年代及分期》，《华夏考古》，1994年2期。

③ 水浴寺石窟位于北响堂石窟正东鼓山东麓，距邺城三十五公里。据何士骥、刘厚滋：《南北响堂寺石窟及其附近石刻目录》（国立北平研究院历史研究会考古组出版）载，武安县（今属邯郸峰峰矿区）薛村水浴寺东山小窟有北齐武平四年（573）造像及刊刻的《法华经》文字漫漶，多不可识。对此，考古工作者曾进行过调查。马忠理：《邺都近邑北齐佛教刻经初探》，山东省石刻艺术博物馆：《北朝摩崖刻经研究》，齐鲁书社，1991年版，第170页。

图 1-29 《思益梵天所问经》隶书部分

图 1-30 《思益梵天所问经》的隶楷交界部分

图 1-31 《思益梵天所问经》楷书部分

图 1-32 《深密解脱经》局部

表1-1　泰峄山区暨僧安刻经一览表

地点（位置）	内容	年代	规模（面积 m²）	书丹人	经主（合作者）
曲阜	《金刚经》碑	东魏天平四年			
济南黄石崖	《法华经普门品》	东魏			
济南黄石崖	《大般若涅槃经偈》	东魏武定二年	0.38×0.41		
泗水县泉林天明寺	《维摩诘经·见阿閦佛品第十二》碑	北齐皇建元年			隽修罗
东平口檀寺	《观世音经》碑	北齐皇建元年			
东平县司里山	（1）司里山残经	皇子皇建二年		僧安？	
	（2）《般若波罗蜜经·明咒品》（节文）		（残）	僧安	
巨野县石佛寺	《华严经》碑	北齐河清三年	2.9×0.88		刘珍东
平阴县洪范东山	"大空王佛" 题名		2.3×0.5	僧安	
平阴县天池山	"大空王佛" 题名			僧安	
平阴县二鼓山	"大空王佛" 题名		5.92×1.83	僧安	比丘僧大 比丘道颙 程伯仁
平阴县云翠山	"大空王佛" 题名		1.4×1.3	僧安	比丘僧令 比丘道颙 比丘智口 比丘宝陵

续表

地点（位置）	内容	年代	规模（面积m²）	书丹人	经主（合作者）
平阴县大寨山	"阿弥陀佛"题名		0.7×0.3	僧安	
东平县洪顶山	（1）《摩诃般若波罗蜜经》（节文）	北齐河清三年前后	1.96×1.23	僧安	法洪（鸿）
	（2）《大集经·穿菩提品》（节文）	北齐河清三年前后	1.66×1.43	僧安	法洪（鸿）
	（3）僧安道壹题名记	北齐河清三年前后	2.47×2.43	僧安	法洪（鸿）
	（4）《大品般若·摩诃衍品》（节文）	北齐河清三年前后	7.55×2.9	僧安	法洪（鸿）
	（5）《仁王经》（节文）	北齐河清三年前后	2.13×1.17	僧安	法洪（鸿）
	（6）"大空王佛"题名记	北齐河清三年前后	9.3×4.1	僧安	法洪（鸿）
	（7）"十三佛名"	北齐河清三年前后	8.3×3.2	僧安	法洪（鸿）
	（8）"大山岩佛"题名	北齐河清三年前后	3.6×1.96	僧安	法洪（鸿）
	（9）"高山佛"题名	北齐河清三年前后	1.03×1.96	僧安	法洪（鸿）
	（10）"安王佛"题名	北齐河清三年前后	1.6×0.98	僧安	法洪（鸿）
	（11）"药师琉璃光佛"题名	北齐河清三年前后	0.78×0.14	僧安	法洪（鸿）
	（12）安公之碑	北齐河清三年前后	1.05×0.87	僧安	
	（13）《文殊般若经》（节文）	北齐河清三年前后	2.36×2.97	僧安	法洪（鸿）

续表

地点（位置）	内容	年代	规模（面积㎡）	书丹人	经主（合作者）
东平县洪顶山	（14）僧安道壹题名	北齐河清三年前后	0.5×0.6	僧安	
	（15）法洪题记	北齐河清三年前后	2.15×1.42	僧安	
	（16）"大空王佛"题名	北齐河清三年前后	1.35×0.45	僧安	法洪（鸿）
	（17）"大空王佛"题名	北齐河清三年前后	2.21×1.08	僧安	法洪（鸿）
	（18）《文殊般若经》（节文）	北齐河清三年前后	3.8×2.5	僧安	法洪（鸿）
	（19）"大空王佛"题名	北齐河清三年前后	0.37×0.51	僧安	法洪（鸿）
东平县银山	"佛说摩诃般若波罗蜜"		3.6×2.3		
宁阳县神童山	"弥勒佛"题名		0.5×0.3	僧安	彭大买
汶上县水牛山	（1）《摩诃般若经》（节文）		2.6×1.85		羊钟
	（2）《摩诃般若经》碑		2.00×0.7		
邹城市峄山	（1）《文殊般若经》碑（节文）	河清三年	2.13×3.65	僧安	东莞问□陈留□仇 河间刘□广弟子 赵根、孟苟儿、王凤
	（2）《文殊般若经》（节文）	河清三年	3.8×2.6	僧安	董珍陀
兖州泗河岸	（1）《文殊般若经》（节文）			僧安	
	（2）《文殊般若经》（节文）				

续表

地点（位置）	内容	年代	规模（面积 m²）	书丹人	经主（合作者）
滕州市陶山	"阿弥陀佛""观世音佛""般若波罗蜜"		1.82×1.65	僧安	
新泰市徂徕山	（1）《文殊般若经》（节文）	武平元年	3.4×1.35	僧安	王子椿
	（2）《大品般若经》（十八空节文）	武平元年	1.98×1	僧安	王子椿、胡宾
	（3）"弥勒佛""阿弥陀佛""观世音佛""大空王佛"	武平元年		僧安	王子椿、胡宾
邯郸市涩山	（1）《文殊般若经》（节文）		2.15×1.95	僧安	定禅师
	（2）《文殊般若经·法尚品》（节文）			僧安	定禅师
	（3）《文殊般若经》（节文）			僧安	定禅师
	（4）"诸行无常"偈			僧安	定禅师
	（5）"大空王佛"题名			僧安	
邯郸市鼓山	"大空王佛""无垢佛""宝火佛""弥勒佛""狮子佛""明炎佛"			僧安	
邹城市尖山	（1）《文殊般若》题名	武平六年	2.1×1.5	僧安	

续表

地点（位置）	内容	年代	规模（面积 m²）	书丹人	经主（合作者）
邹城市尖山	（2）"大空王佛"题名	武平六年	5.6×1.79	僧安	
	（3）《文殊般若经》（节文）	武平六年		僧安	
	（4）《大品般若经》（节文）	武平六年		僧安	
	（5）韦子深等题名	武平六年	6.12×0.95	僧安	
	（6）唐邕妃等题名	武平六年	2.76×1.2	僧安	
	（7）韦伏儿题名	武平六年		僧安	
	（8）徐法仙、比丘法门、法力题名	武平六年	1.34×0.48	僧安	韦王振等
	（9）"诸行无常"偈	武平六年		僧安	韦王振等
	（10）"支锅石"其他刻字	武平六年		僧安	
泰安市泰山	《金刚经》（节文）		2064 m²	僧安	
邹城市铁山	（1）《大集经·海慧菩提品》（节文）	大象元年	53×15.6	僧安	匡哲等
	（2）《石颂》	大象元年	17×3.5	僧安	匡哲等
	（3）孙恰等题记	大象元年	3.5×3.4	僧安	
邹城市葛山	（1）《维摩诘经·见阿閦佛品第十二》（节文）	大象二年	21×8.5	僧安	
	（2）题记（残）	大象二年	1.7×2.5	僧安	

续表

地点（位置）	内容	年代	规模（面积m²）	书丹人	经主（合作者）
邹城市冈山	（1）《入楞伽经·请佛品第一》（节文，小字）	大象二年			
	（2）《入楞伽经·请佛品第一》（节文，小字）	大象二年			
	（3）《无量寿佛经》（节文）	大象二年			
	（4）"阿弥陀佛""弥勒尊佛""释迦文佛"等题名	大象二年			
汶上县	《观世音经》	开皇八年			
汶上县三官庙	《佛在金棺上嘱累经》	开皇九年	1.79×0.8		

表 1-2　邺城诸石窟刻经一览表

经名	译者著录	位置
《大般涅槃经》卷 14《圣行品》	北凉昙无谶译,《大正藏》卷 12, 449—451 页	小南海中窟外崖面
《华严经偈赞》	出处不明	小南海中窟外崖面
《无量义经》——《德行》	南齐昙摩伽陀耶舍译,《大正藏》卷 9, 384—385 页	北响堂南洞窟内前壁
《佛说维摩诘经》	姚秦鸠摩罗什译,《大正藏》卷 14, 537—557 页	北响堂南洞窟前廊
《佛说弥勒下生成佛经》	姚秦鸠摩罗什译,《大正藏》卷 14, 423—425 页	北响堂南洞窟外右壁
《胜鬘师子吼一乘大方便方广经》	未求那跋陀罗译,《大正藏》卷 12, 217—223 页	北响堂南洞窟外右壁
《佛说字抄经》	吴支谦译,《大正藏》卷 17, 729—736 页	北响堂南洞窟外右壁
《无量寿经优波提舍愿生偈》	北魏菩提流支等译,《大正藏》卷 26, 230—233 页	北响堂南洞窟外左壁
《佛说佛名经》（二十五佛）	北魏菩提流支等译,《大正藏》卷 14, 159—161 页	北响堂南洞洞前廊左侧角廊柱
《摩诃般若波罗蜜经》卷 1（十二部经名）	姚秦鸠摩罗什译,《大正藏》卷 8, 220 页	北响堂南洞窟顶左侧
《现在贤劫千佛名经》（弥勒佛、狮子佛、明炎佛）	失译,《大正藏》卷 14, 376—383 页	北响堂南洞窟顶左侧
《大般涅槃经》卷 28《狮子吼菩萨品》	北凉昙无谶译,《大正藏》卷 12, 533—534 页	北响堂半山腰
《大方广佛华严经》卷 5、6《四谛品》末、《光明觉品》《明难品》《净行品》	东晋佛驮跋陀罗译,《大正藏》卷 9, 422—432 页	南响堂 1 窟右壁和前壁

续表

经名	译者著录	位置
《文殊师利所说摩诃般若波罗蜜经》卷下节文	萧梁曼陀罗仙译，《大正藏》卷8，731页	南响堂2窟前壁窟门左侧
《摩诃般若波罗蜜经》卷27《法尚品》节文	姚秦鸠摩罗什译，《大正藏》卷8，421页	南响堂2窟后壁隧道内
《妙法莲华经》卷3《化城喻品》（十六佛名）	姚秦鸠摩罗什译，《大正藏》卷9，25页	南响堂2窟窟左右壁龛柱
《妙法莲华经》卷7《观世音菩萨普门品》	姚秦鸠摩罗什译，《大正藏》卷9，56—58页	南响堂4窟左、右、前壁
《大般涅槃经》卷14《圣行品》（诸行无常偈）	北凉昙无谶译，《大正藏》卷12，450—451页	南响堂6窟窟外上方
《大方广佛华严经》卷30《佛不思议法品》	东晋佛驮跋陀罗译，《大正藏》卷9，590—601页	香泉寺石窟外左侧崖面
《十地经论》	北魏菩提流支等译，《大正藏》卷26，123—230页	娲皇宫南窟北窟外崖及南窟外侧崖面、北窟
《深密解脱经》	北魏菩提流支译，《大正藏》卷16，665—688页	娲皇宫北窟北侧崖面
《佛说思益梵天所问经》	姚秦鸠摩罗什译，《大正藏》卷15，33—62页	娲皇宫南窟南外侧崖面
《佛说盂兰盆经》	西晋竺法护译，《大正藏》卷16，779页	娲皇宫北窟内北壁
《佛垂般涅槃略说教诫经》	姚秦鸠摩罗什译，《大正藏》卷12，1110—1112页	娲皇宫北窟内北壁
《妙法莲华经》卷7，《观世音菩萨普门品》节文	姚秦鸠摩罗什译，《大正藏》卷9，56—58页	娲皇宫北窟北侧崖面
《大集经·月藏分》《分布阎浮提品》《法灭品》	北齐那连提黎耶舍译，《大正藏》卷12，374—375，362—363页	大住圣窟内前壁右侧窟以窟外右侧崖面

续表

经名	译者著录	位置
《摩诃摩耶经》卷上	南齐昙景译，《大正藏》卷12，1005—1006页	大住圣窟前壁右侧
《胜鬘师子吼一乘大方便广经》	宋求那跋陀罗译，《大正藏》卷12，217—223页	大住圣窟外右侧崖面
《妙法莲华经》卷5《分别功德品》《如来寿量品》	姚秦鸠摩罗什译，《大正藏》卷9，42—46页	大住圣窟外右侧崖面
《佛说观药王药上二菩萨经》（五十三佛名）	宋畺良耶舍译，《大正藏》卷20，663—664页	大住圣窟外右侧崖面
《佛说佛名经》卷8（七佛名），卷12（二十五佛名）	北魏菩提流支译，《大正藏》卷14，159—161页	大住圣窟外右侧崖面
《佛说决定毗尼经》（三十五佛名）	西晋敦煌三藏译，《大正藏》卷12，38页	大住圣窟外右侧崖面
《七阶礼忏文》	隋信行禅师撰，《三阶教之研究》516—517页	大住圣窟外右侧崖面
《妙法莲华经》卷7《观世音菩萨普门品》	姚秦鸠摩罗什译，《大正藏》卷12，1110—1112页	八会寺南龛内
《妙法莲华经》卷7《观世音菩萨普门品》	姚秦鸠摩罗什译，《大正藏》卷9，56—58页	八会寺西龛内
《佛说弥勒成佛经》	姚秦鸠摩罗什译，《大正藏》卷14，423—425页	八会寺北龛内
《现在贤劫千佛名经》	失译，《大正藏》卷14，376—382页	八会寺东壁左小龛内
《五十三佛名经》	宋畺良耶舍译，《大正藏》卷20，663—664页	八会寺东壁
《佛说决定毗尼经》（三十五佛名）	西晋敦煌三藏译，《大正藏》卷12，38页	八会寺东壁龛外

续表

经名	译者著录	位置
《佛说佛名经》卷 8（七佛），卷 12（二十五佛名）	北魏菩提流支译，《大正藏》卷 14，159—161 页	八会寺南壁小龛榜题（七佛）东壁龛楣小龛榜题（二十五佛）

注：表 1-1、表 1-2 参考了赖非先生、李裕群先生的部分研究成果。

二、北朝的墓志隶书

北朝墓志隶书特指在北朝墓志中用隶书字体所书写的一类书法作品。虽然墓志隶书在北朝石刻书法中所占的比重并不大，但是其书写面貌和书法特征却具有探讨的学术价值。北朝墓志隶书既有汉代隶书的基本样式，又有着时代性的书写特点。受魏碑楷体书风的影响，方折用笔的书写特点成为北朝墓志隶书的典型形态，"刻风"又加剧了墓志隶书楷化的倾向。北朝墓志书刻精美，故历来被金石学家和书家所重视。

（一）墓志的起源

当前学术界，对中国古代墓志铭的起源时间存在着一些不同的看法。赵超《墓志溯源》对这些观点进行了梳理[①]，认为其代表性的有以下几种[②]：

一、始于秦代，主要依据 1979 年秦刑徒瓦的发现。不久，发掘领队袁仲一又在中国考古学会第二次年会上和《秦代陶文》一书中，再次阐述了他们认秦刑徒瓦为最早墓志的观点。

二、始于西汉。清代叶昌炽《语石》卷四：

> 王氏（《金石萃编》）曰：《西京杂记》称前汉杜子春，临终作文刻石，埋于墓前。《博物志》载西京时，南宫寝殿有醇儒

[①]　赵超本人的观点是最晚也不会晚于晋代，墓志开始形成与使用是在西晋时期，即距今 1700 年左右。其正式定型则要到南北朝时期。如果追溯到墓葬中使用标志墓主生平的文字材料这种风气的起源时间，则可以上推到更早的先秦时期。赵超：《古代墓志通论》，紫禁城出版社，2003 年版，第 11 页。或见赵超：《古代石刻》，文物出版社，2001 年版，第 111 页。

[②]　此外，朱智武先生总结了 7 种看法，即周汉说、战国说、秦代说、西汉说、东汉说、魏晋说、南朝说。朱智武：《中国古代墓志起源新论兼评诸种旧说》，《安徽史学》，2008 年 3 期。

王史威长之葬铭，此实志铭之始。

三、始于东汉。罗振玉《辽居稿·延平元年（106）贾武仲妻马姜墓记跋》云：

> 汉人墓记前人所未见，此为墓志之滥觞。

马衡《中国金石学概要》第四章谓墓志之制始于东汉。《隶释》载张宾公妻穿中文，即圹中之刻。

赵万里《汉魏南北朝墓志集释》卷一冯基石椁题字（晋太康三年282）按云：

> 近年陕北出土郭仲理石椁（按属东汉）亦皆有铭。或以砖，砖之有字者尤多……稍后以志铭代椁铭，与前世风尚殊矣。

四、始于魏晋。日本日比野丈夫《关于墓志的起源》称：

> 由于魏晋时代严禁在墓前立碑，迫不得已，在墓中埋下小型的石碑来代替墓碑，这被看作是墓志的起源。

五、始于南朝。清代顾炎武《金石文字记》卷二《大业三年（607）荥泽令常丑奴墓志跋》云：

> 墓之有志，始自南朝。

《南齐书》云：

近宋元嘉中，颜延之作王球石志。素族无碑策。故以纪德。自尔以来，王公以下，咸共遵用。

清代端方《陶斋藏石记》卷五云：

刘怀民志作于大明七年，适承元嘉之后，此志铭文字导源之时代也。

此外，《中国大百科全书考古卷》（墓志词条）：

中国墓志约起源于东汉时期，魏晋以后盛行。

江苏邳县元嘉元年（151）缪宇墓后室石门上方所刻的题记，有官职姓名、死葬日期、韵语颂辞，实为后世墓志铭之滥觞[1]。

毛远明认为：根据已有资料，未成定制却已有其实的墓志，当产生在东汉，而成为定制的墓志至迟不会晚于晋代[2]。

华人德认为：类似墓志之明旌，早在周代就产生了，可以把明旌看作是墓志的先导[3]。

李发林认为：墓志在汉代非常罕见，还谈不上流行[4]。

吴炜先生将已公开发表的有关墓志材料作了系统的整理和研究[5]。

从以上论述的观点我们可以看出，对于墓志起源的"前置条件"

---

① 《中国大百科全书考古卷》（墓志词条），中国大百科全书出版社，1986 年版，第 341 页。
② 毛远明：《碑刻文献学通论》，中华书局，2009 年版。
③ 华人德：《华人德书学文集》，荣宝斋出版社，2008 年版，第 3 页。
④ 李发林：《中国古代石刻丛话》，山东教育出版社，1997 年版。
⑤ 吴炜：《墓志铭起源初探》，《东南文化》，1999 年 3 期。

的设置，缺乏统一的认识①。墓志的起源是在一段漫长的历史中逐渐形成的，于是有部分研究者提出了分期说。

刘凤君认为，从目前考古资料看，东汉、魏、晋时期墓中的石刻题记没有称"墓志"的说法，名称也不甚统一。石刻题记有的称"柩"，有的称"墓"，有的称"铭"，但是作用和后来的墓志一样，都是"刊石纪终，俾示来世"，所以它们都是墓志。我们可把东汉、魏、晋看作是墓志的产生和探索时期。南朝宋大明元年（457）刘怀民墓志、北魏承平元年至和平六年（452—465）刘贤墓志，是目前发现较早的明确称为"墓志"的实物②。

熊基权把墓志的起源分为三个阶段：开源于周，初生于秦，汇源于汉。具体来讲，墓志的起源期应该是从周到汉，周代的铭旌是源头，秦代的刑徒瓦志是初生，汉代的告地策、砖志、墓室榜题及画像、玉杖和柩铭等是主要支源，石志的出现标志着墓志的初步形成③。徐自强将墓志的发展分为滥觞期、发生期、成熟期三个时期④。

上述研究的不足正如赖非先生所讲：受时代的局限，早期的研究者能够见到的资料有限，大大地限制了他们的视野，探讨的路子也很难摆脱从文献到文献的羁绊，最后的结论难免陷入缺乏证据的臆断。主观认识上的差异，根源于对墓志含义理解上的不同。有的过于严谨，站在后世墓志研究视角上审视早期墓志；有的则过于宽松，把墓志本初的功用和目的作为尺度和观察点，对"志墓"的习俗与墓志、志墓文内容与墓志形制、志墓文中"志墓"的成分与"志人"

---

① 赵超认为，墓志应当具备以下 3 个条件：埋设在墓葬中，专门起到标志墓主的作用；有相对固定的外形制形；有较为固定的铭文文体。不具有以上特征的器物，尽管也是在墓中出土的铭刻，也不应该称作墓志。

② 刘凤君：《美术考古学导论》，山东大学出版社，2002 年版，第 434 页。

③ 熊基权：《墓志起源新说》，《文物春秋》，1994 年 1 期。

④ 徐自强：《墓志浅论》，《华夏考古》，1988 年 3 期。

的成分等问题，未进行区别论述。这些问题不仅是论者观点出现分歧的根源所在，事实上也反映了墓志由产生、发展到完善全过程中每一阶段的本质性转化[①]。

任何一种器物的产生、发展、定型都有一个逐渐演化的过程，像墓志这样影响深远、使用广泛的重要器物更是如此。不去考察这个演化过程，仅局限于几种新材料或凭个别文献记载就下结论，是很难全面准确地反映出墓志这种重要器物的发展历史的。

墓志形制初无定式，秦刑徒瓦志及洛阳汉刑徒砖志均用废弃的建筑用瓦刻成，形状大小无统一规格。1991年河南偃师南蔡庄出土的东汉建宁二年（169）肥致墓碑（志）；晕首，高98厘米、宽48厘米、厚9.5厘米。碑（志）身刻界格，长方形跌座，首题"河南梁东安乐肥君之碑"。形制模仿东汉常见的圆首墓碑，置立于墓内南侧室，为所见最早的圆首碑形墓志。1982年山东高密井沟镇住王庄村出土的东汉熹平三年（174）孙仲隐墓志，圭形首（圭首式碑呈上锐下钝式），无穿，高88厘米，宽34厘米，置立在墓内门口，是东汉另一种形制的墓志。洛阳出土的西晋建兴三年（315）南阳王妃墓志，高36厘米，宽36.5厘米，是继碑形（圆首、圭首）墓志之后出现的方形墓志。东晋时也有圆首碑形存在，比如1979年在江苏吴县张陵山出土的东晋明帝太宁三年（325）张镇墓志，碑作小碑形，圆头有穿，隶书，两面刻。

在陕西、河南、河北、山东等地出土的北魏墓志，基本上都是

[①] 如何看待墓志文内容格式与墓志形制发展不同步的事实，是解决墓志起源的一个重要问题。目前人们的认识，往往不能把二者的关系理清、摆正，因而出现了两种倾向：偏重于对墓志文内容格式的思考，便不太计较墓志形制，以为墓志文内容是墓志的"灵魂"所在，有些秦刑徒瓦志已具备了这些内容，理应视为墓志；偏重于对墓志形制的观察，认为具有完整的形制才是真正意义上的墓志，早期写刻在画像石、黄肠石或墓室其他石上的志文不能算作完备的墓志。赖非：《齐鲁碑刻墓志研究》，齐鲁书社，2004年版，第194页。

正方形的石质铭刻。方形墓志面世，墓志的形制才算最终定型，在发展与定型的过程中，受到碑的极大影响，后来又摆脱了碑的束缚，走上独自发展演化的道路。

北朝时期的墓葬基本上仍然保留了中原地区源于汉代的墓葬形式，北朝后期的墓葬中以方形单室砖墓比较多见[①]。在北魏时期，随着正方形墓志成为主要的墓志形制，结合礼制已经形成了一套对墓志外形尺寸以及雕饰的正式等级规定。

根据现有的北魏时期墓志来看，北魏孝文帝迁都洛阳以后，中原地区使用的墓志已经基本定型，绝大多数已经采用了正方形或者接近正方形的规格。志石制作规整，用以刻写铭文的正面以及四个侧面磨光。起初，一般只有志身，不设志盖，这显然是沿袭了砖志的形制特点。以后，逐渐产生了覆斗形的志盖（一般也称作盝顶形志盖）与正方形的志身，形成一盒。刘凤君先生认为，定型墓志的形制吸收了汉代以来大型墓室的特点。这些墓室下为方形或弧方形，顶为穹隆或覆斗形，绘有日月星辰象征天体。穹隆顶者，正是《管子》所谓"天之所生上首，地之所生下首。上首之谓圆，下首之谓方，则四角之不掩也"。[②]另外，对北朝墓志的志盖也有了较多的装饰，志侧的纹饰大多是蔓草纹、缠枝忍冬纹、变形忍冬纹以及奔兽等，这些装饰方法开创了隋唐时期墓志装饰的先河。这种装饰手法中，有些是受到宗教思想的影响。

古人早有筑土为坛，祭祀天神及先祖的习俗。南北朝之际，此风尤盛。早在汉代人的观念中，已经有了天界、阳界、阴界的区别。湖南长沙马王堆1号墓出土彩绘帛画（铭旌之一）的内容即分成三个部分，而天上境界中天门大开的胜景，则被视为最大的祥瑞，也

---

① 谢宝富：《北朝婚丧礼俗研究》，首都师范大学出版社，1998年版，第160页。

② 刘凤君：《南北朝石刻墓志形制探源》，《中原文物》，1982年2期，第74页。

是死者最大的福分①。中国古代有把墓室看成一个小宇宙的传统意识。如墓志装饰中的四象纹饰，具有标志方位、表现宇宙的象征意义，它又代表天上的神灵，具有辟邪的作用。有些装饰是受到佛教等外来文化的影响，它们同样是用来表现天神境界。从石雕艺术的角度来讲，在南北朝兴起的佛教造像艺术对墓志纹饰的影响是十分重要的。

在南北朝时期，北魏墓志存世量最多，尤以魏孝文帝迁都洛阳（493）以后，魏孝文帝对古代墓碑的保护起到了非常重要的作用。孝文帝曾撰写《吊比干文》②，《魏书》记载："高祖迁洛，路由朝歌，见殷比干墓，怆然悼怀，为文以吊之。芳为注解，表上之。"③以墓志入土的葬俗极为普遍，以皇族墓地邙山墓群为主体，出土了大量的北朝墓志。西安碑林现存历代墓志有 869 件，其中北魏墓志就占到了 152 件。以于右任《鸳鸯七志斋藏石》为例，其中就包括了北魏墓志 136 石、东魏墓志 7 石、北齐墓志 8 石、北周墓志 5 石。

（二）北朝墓志隶书的遗存情况

本书研究材料主要来自于《北京图书馆藏中国历代石刻拓本汇编》④，结合此书所收的墓志及其他研究者的著录，现详述如下：

元惊墓志，东魏武定元年（543）三月十九日葬。河北磁县出土，周肇祥旧藏，石长、宽均 87 厘米。

宗欣墓志，东魏武定三年（545）十月二十八日葬。河南安阳出土，

---

① 徐吉军：《中国丧葬史》，江西高校出版社，1998 年版，第 269 页。
② 《吊比干文》刻于北魏孝文帝太和十八年（494），传为崔浩所书。此碑于宋哲宗元祐五年（1090）重刻。
③ [北齐] 魏收：《魏书》卷五十五《列传》第四十三《刘芳》。
④ 《北京图书馆藏中国历代石刻拓本汇编》一书，将"体兼隶楷"的书迹称为"正书"，本书在研究中，把明显具有隶书笔意与隶书点画特征的书体仍归于隶书的范围。

拓片志长、宽均53厘米；盖长、宽均30厘米。隶书，盖阳文篆书。

元延明妃冯氏墓志，东魏武定六年（548）十月二十二日葬。河南安阳出土。石长67厘米，宽69厘米。赵万里云河北磁县出土[①]。

元韶及妻侯氏合葬志，不详。

司马遵业墓志，北齐天保四年（553）二月二十七日葬。河北磁县出土，广东番禺姚氏旧藏。石长77厘米，宽78厘米。隶书。

窦泰妻娄黑女墓志，北齐天保六年（555）二月九日葬。河南安阳出土，原藏于安阳古物保管所。石长、宽均为83厘米。隶书。

窦泰墓志（图1-33），北齐天保六年（555）二月九日葬。河南安阳出土，原藏于安阳古物保管所。石长、宽均为96厘米。隶书。

徐彻墓志，北齐天保十年（559）正月二十一日葬。河南安阳出土，原为安阳金石保存所藏。拓片长、宽均79厘米。隶书。

高湝墓志，北齐乾明元年（560）四月十六日葬。石佚。隶书。有钱大昕、瞿中溶等题跋。

是连公妻邢阿光墓志，北齐皇建二年（561）十一月十九日葬。河北磁县出土，今藏沈阳博物馆。石长66厘米，宽67厘米。隶书。盖阳文篆书，题“齐故是连公妻邢夫人铭”，“夫人”二字合书。此为饮冰室旧藏。

石信墓志（图1-34），北齐太宁元年（561）十一月十九日葬。河南安阳出土。石长、宽均为66厘米。隶书。

法懃塔铭，北齐太宁二年（562）正月五日卒。河南安阳出土，拓片高35厘米，宽47厘米。隶书。

李君妻崔宣华墓志，北齐河清元年（562）十一月十八日葬。河南洛阳出土，于右任旧藏。石长、宽均54厘米。隶书。

高百年妃斛律氏墓志，北齐河清三年（564）三月二日葬。河北

---

① 此墓志出土于河北磁县。赵万里：《汉魏南北朝墓志集释》，广西师范大学出版社，2008年版。

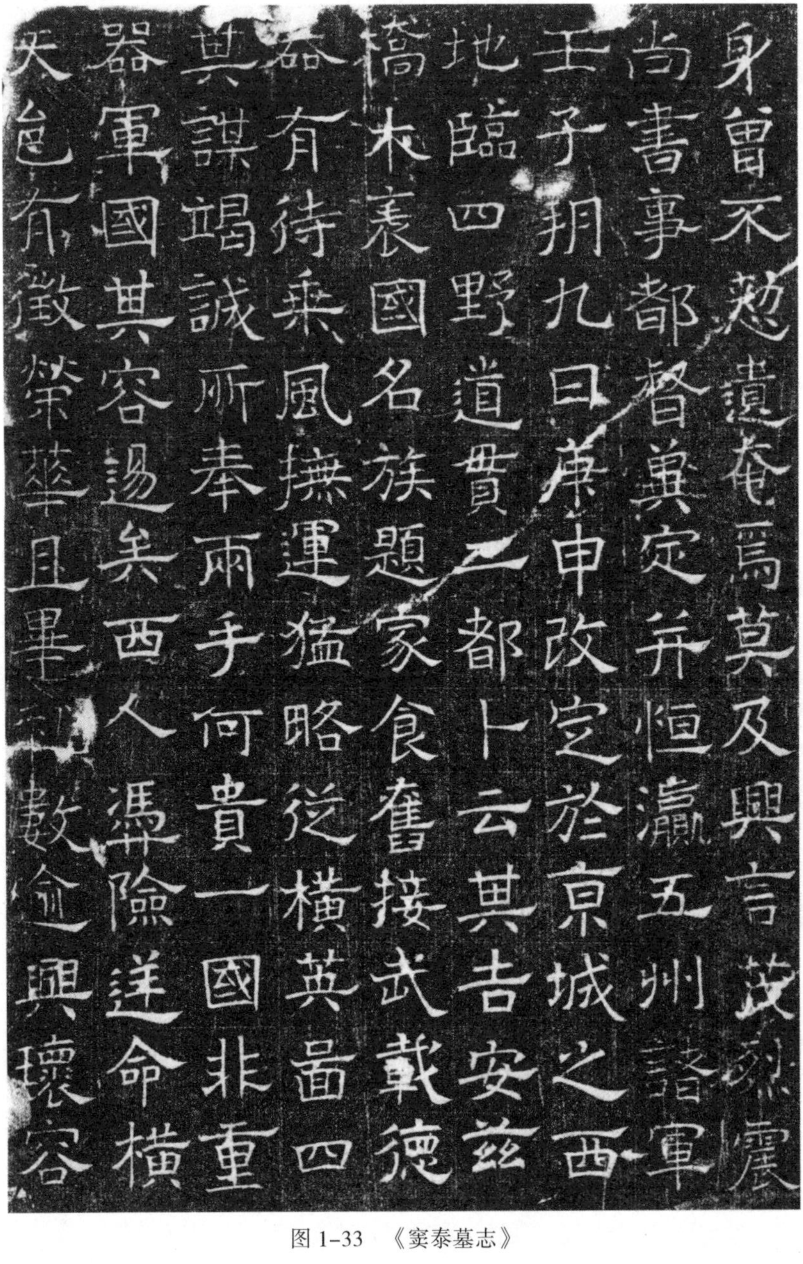

身曾不慈遺奄焉莫及興言茲烈震

尚書事都督冀定并恒瀛五州諸軍

王子朔九日庚申改宅於京城之西

地臨四野道貫二都卜云其吉安兹

橋木衰國名族題家食奮接武戟德四

器有待乘風撫運猛略從橫英蕳四

其謀竭誠所奉兩手何貴一國非重

器軍國其容昜矣西人馮險逆命橫

天色有徵榮葬且畢數金興壞容

图1-33　《窦泰墓志》

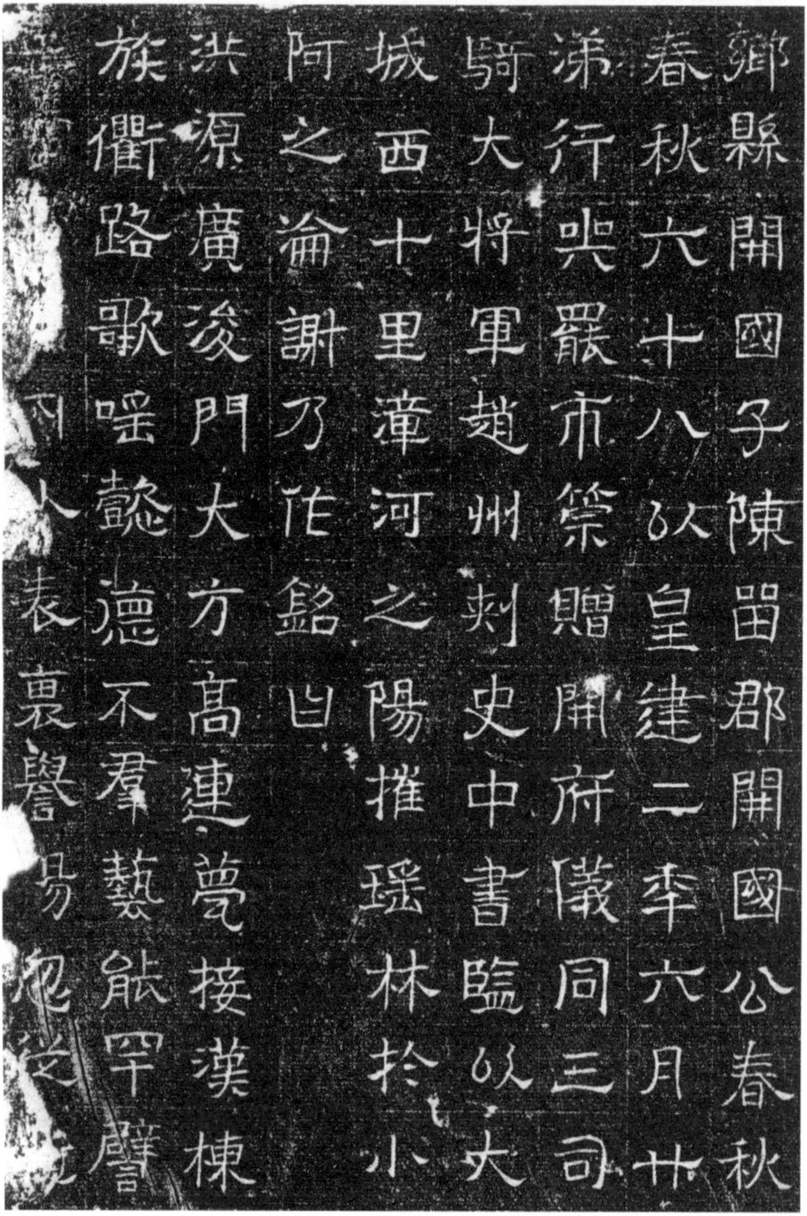

族衢路歌謠懿德不群藝能罕譬

洪源廣後門大方高連甍接漢棟

阿之淪謝乃作銘曰

城西十里漳河之陽摧瑤林於小

騎大將軍趙州刺史中書臨以大

涕行哭罷市築贈開府儀同三司

春秋六十八以皇建二年六月廿

鄉縣開國子陳留郡開國公春秋

图 1-34　《石信墓志》

磁县出土，罗振玉旧藏。石长、宽均 67 厘米。隶书。原志有盖，篆书题"齐故乐陵王妃斛律氏墓志铭"。

高百年墓志，北齐河清三年（564）三月二日葬。河北磁县出土，罗振玉旧藏。石长 72 厘米，宽 71 厘米。隶书。原志有盖，篆书题"齐故乐陵王墓志之铭"。

赫连子悦妻闾炫墓志，北齐河清三年（564）三月二十四日葬。河南安阳出土，拓片志长 68 厘米，宽 69 厘米；盖长 40 厘米，宽 39 厘米。隶书。盖阳文篆书。

封子绘墓志，北齐河清四年（565）二月七日葬。河北景县出土，拓片志长 90 厘米，宽 88 厘米；盖长、宽均 75 厘米。隶书，盖阳文篆书。

薛广墓志，北齐河清三年（564）二月七日葬。出土地不详，今藏首都历史博物馆，拓片志长、宽均 67 厘米；盖长、宽均 70 厘米。隶书，盖阳文篆书。

房周陁墓志，北齐天统元年（565）十月二十四日葬。山东益都出土，石长 41 厘米，宽 54 厘米。尾篆书题"房仁墓志记铭之"七大字，非额亦非标题，除此志外，尚未见此例①。

高肶墓志，北齐天统二年（566）二月二十五日葬。清光绪年间河北磁县出土，端方旧藏，后志佚，盖归陶兰泉。石长、宽均 41 厘米。盖阳文篆书。端方著录作公孙肶，误②。

暴诞墓志，北齐武平元年（570）五月九日葬。1930 年春于河北磁县西南田庄村东南一里许出土，归磁县金石保存所。石长 66 厘米，宽 68 厘米。隶书，盖篆书，题"齐故左什射暴公墓铭"。

吴迁墓志，北齐武平元年（570）十一月十二日葬于河南安阳。首都博物馆藏石。拓片长、宽均 62 厘米。隶书。

---

① 《六朝墓志检要》归为隶书。

② 《增补校碑随笔》记载其出土于河南安阳。

　　刘悦墓志，北齐武平元年（570）十一月十二日葬。河南安阳丰乐镇出土，安阳古物保存所旧藏。拓片志长 78 厘米，宽 76 厘米；盖长 51 厘米，宽 46 厘米。隶书，盖阳文篆书。

　　刘忻墓志，北齐武平二年（571）五月三日葬。河北磁县出土，端方旧藏，今佚。石长、宽均为 43 厘米。隶书。"刘忻"方若作"张忻"，缪全孙作"吴忻"，均误①。

　　赫连子悦墓志，北齐武平四年（573）十一月二十三日葬。河南洛阳出土，于右任旧藏。石长、宽均 69 厘米。隶书，盖阳文篆书。

　　高僧护墓志，北齐武平四年（573）十一月葬。河南安阳出土，拓片长 41 厘米，宽 40 厘米。《石刻名汇》云河北景县出土。

　　元寿安妃卢兰墓志，北周大象二年（580）十一月二十日葬。河南洛阳出土，拓片志长、宽均 64 厘米；盖长、宽均 40 厘米。盖阳文篆书②。

　　以上均为北朝时期的墓志隶书，从墓志的铭文字数、雕刻水平来看，北朝墓志隶书的式样代表了当时墓志的工艺水平，其中不乏一些身份地位显赫的贵族墓志。

（三）北朝墓志隶书中的篆书遗存

　　装饰，本义是"修饰、打扮"，《后汉书·梁鸿传》："女（孟光）求作布衣、麻履，织作筐、缉绩之具。及嫁，始以装饰入门。"而作为汉字字体上的装饰，主要体现在装饰的结构形态及装饰的笔画姿势，装饰的笔画姿势必然要寓于相应的结构形态之中，才能和

----

① 梁启超：《饮冰室文集点校》，第 6 集（金石跋部分），吴松等点校，云南教育出版社，2001 年版，第 3687 页。

② 《六朝墓志检要》归为隶书。

谐呼应，达到美的高度①。

就北朝墓志隶书整体而言，其美饰化的特征主要表现在墓志盖上的篆书装饰②、墓志铭文中的篆书（包括半篆半隶字形的字体）和墓志纹饰上，本章主要对墓志铭文中的篆书（包括半篆半隶字形的字体）进行评述。

篆书在汉代以后逐渐退出实用文字的范畴，已经成为古体。在大多数场合下，已经失去了实用的功能。但是，在需要装饰的场合中，小篆是表达古体最有效的手段，但并不作为世俗的通用字。例如在装饰性强的瓦当文字与砖文中，几乎都以篆书（或糅隶之篆）为载体。原因之一是篆书本身的象形、会意成分较明显，其点画、结构的可塑性较强；原因之二是篆书在汉代已经不作为日常实用的书体使用，其书写的标准性、规范性会因此而减弱，这在客观上有利于文字装饰的设计。

在装饰功能的作用下，文字呈现多样的表现形态，或者对原有字体进行利用，或者对正式字体进行加工，或者因器物之形状而改变字形结构。不同场合下，有各自的使用范围与不成文的规矩。

这些作品上的文字，记录和表达功能显得并不是特别的重要。当然，也没有人对此进行规范，政府对文字规范的要求也并非针对此种情况，也就没有对"字或不正"进行处罚的规定。这些装饰性的文字在处理上经过多年的不断探索，加之工匠之间的相互影响，形成了具有鲜明特色的装饰性文字，很值得研究③。秦汉的时候有八

① 陈道义：《汉代文字瓦当与砖文的装饰意味及其文化阐释》，《艺术探索》，2008 年 4 期。

② 北朝至隋期间的志盖篆书的形体异样、讹笔特别多，一是篆法自汉代以来逐渐没落，通晓者渐少；二是用于志盖上的篆书主要是为了装饰，而不全在于识读，也就是说只是借篆书之形体达到装饰之目的，故书手随意改动篆字结构，增减笔画或挪移偏旁的位置是常见的。陈道义：《书法·装饰·道——古代汉字书法装饰之道》，文物出版社，2009 年版，第 91～94 页。

③ 王元军：《汉代书刻文化研究》，上海书画出版社，2007 年版。

体书，善八体书者皆经太常，选拔为尚书、史书令史、兰台令史等，以及鸿都门学中人。工匠不识字，故唐以前及唐代王公百官等碑额、志盖之题署皆由专职人员所书写。

篆书在秦代除工整的一类外，也有大量草率的篆书存在，如1963 年出土于山东邹县（今邹城）纪王城的秦陶量 ①。秦陶量上的文字线条粗细不等，结构方整，书写较为草率。这种草率的篆书，更适用于书家对其改造、变化。

再来看一下北朝墓志隶书中夹杂的篆书：

宗欣墓志

元韶及妻侯氏合葬志

元悰墓志

薛广墓志

元悰墓志

徐彻墓志

叔孙固墓志

---

① 1963 年出土于山东邹县纪王城，泥质灰陶，圆桶形，外壁有秦始皇二十六年（前 221）颁发的统一度量衡的诏书。共 20 行 40 字，用 10 个方的印模捺压在器外壁上。李明君：《历代文物装饰文字图鉴》，人民美术出版社，2001 年版，第 225 页。

是连公妻邢阿光墓志

石信墓志

刘悦墓志

侯海墓志

可以看出，北朝墓志隶书中夹杂的篆书，都是一些常用的象形篆字，并非一些较生僻的字。另外，整个北朝时期，文字的异体、俗体盛行，文字的使用也极不规范（除刻经书体外）。顾炎武《金石文字记》卷二《孝文皇帝吊殷比干墓文》云："今观此碑，则知别体之兴，自是当时风气。""盖文字之不同而人心之好异，莫甚于魏、齐、周、隋之世。"再加上北朝时期人们对篆书的写法已经陌生化了，铭刻于志碑上的文字也单单是为了记录，具有一次性的特征（墓志埋于地下，若没有盗墓，是不会再重新挖掘出来的）。在这种书写的环境下，一定程度上给了刻工发挥书写的空间，在后世整理墓志释文过程中，有些语句也是不合乎文法的。

北朝墓志题铭中又较多地出现了隶楷书、篆隶楷杂糅等"变态"的书体式样。这是对传统铭石书有意识的艺术化追求的结果，是带有近于民俗和信仰性质的审美寄寓的反映，并且具有潜在的文字神秘化的社会文化心理。当杂糅的书体式样成为带有某种神秘色彩的观念表征之后，这一式样也就具有了宗教般的情感和魅力。改作篆形或局部篆饰的字大都为常用字，篆饰的偏旁部首部分也具有普遍意义，二者均具有约定俗成的性质。杂糅之字和装饰方法，均以不影响文字识读为前提，这是北朝及隋代志石题铭杂糅现象的主流形态①。

北朝墓志隶书的确出现了篆饰行为，但我们在研究这一现象时，断不能对其装饰的意图进行夸大，否则就失去了刻写者的本意。

（四）北朝墓志八分隶书中的楷化倾向

楷书从诞生之日起，便与隶书有着千丝万缕的关系，即便是到了隶书和楷书各自为体、各自成熟的时候，这种相互影响的关系依然存在。

在八分隶书发展到很成熟的时候，楷书②也以古隶为主要母体，在实用的书写中"变异"逐渐形成。不具波磔的实用性古隶是楷书形成的主要基础。楷书的因素，在这个类型中（实用性古隶）很早就孕育、滋长着③。可以说，实用性隶书的演变过程，也是楷书形成的过程。同时，楷书在酝酿形成中，也受带有波磔美化性的八分隶

---

① 马新宇：《试论北朝墓志题铭的文化蕴涵及书体的装饰性问题》，中国书法家协会学术委员会编：《全国第六届书学讨论会论文集》，河南美术出版社，2004 年版，第 380—382 页。

② 在唐以前楷书的概念与现在是不同的。戴家妙：《关于楷书书体的概念与发生、发展过程》，《书法研究》，2001 年 2 期。

③ 华人德先生在《论六朝写经体》一文中作过深入研究。他首先分析了东汉末字体的特点。他说："东汉末，日常应用的书体已由带波磔的隶书即'八分书'和不带波磔的简率隶书向行书、正书过渡。其时正书和行书的捺笔、主横画尚含有浓重的隶书波磔意韵，显得丰厚肥重，但已出现后来正书所特有的撇与钩。撇和钩在东汉碑刻上的八分书中几乎是不出现的，而在一些书写较快捷的隶书中，因为笔画的简省呼应产生了这种笔致，在正书中吸纳了撇和钩的写法，并成了基本笔画。这些特征可以从《永寿二年陶瓶朱书》〔东汉永寿二年（156）〕、《陈刻敬陶瓶朱书》〔东汉熹平元年（172）〕、《黄神北斗陶瓶朱书摹本》〔东汉晚期〕和长沙走马楼吴简牍〔三国吴嘉禾年间（232—238）见其端倪。"华人德：《论六朝写经体——兼及"兰亭论辩"》，华人德：《华人德书学文集》，荣宝斋出版社，2008 年。

书影响。八分隶书对楷书的影响主要是向左的掠笔，影响楷书的撇；波磔，影响楷书的捺；点、横、竖则是八分隶书和实用性隶字共有的笔画，也是楷书直接承继的笔画①。

　　大约在汉魏之际，在行书的基础上形成了楷书。楷书体的点画体势来源于草、行二体，再借鉴八分隶书，综合规范而成，钟、王二家代表了楷书发展的两个阶段，而他们也都善于作隶。换言之，蜕变是八分隶书的式微，而不意味着是向楷书的过渡②。楷书出现后，隶书和新隶体③并没有很快就丧失它们的地位。经过魏晋时代长达二百年的时间，楷书才最终发展成为占统治地位的主要字体④。

　　从汉人手写墨迹来看，早在西汉武帝时期的手写文字中，楷书的一些特征就已经出现，如《太初三年简》(前102)、《天汉三年简》(前98)、《太始三年简》(前94)等。居延、敦煌出土的西汉中期的汉简上，有些墨书古隶已是相当楷书化，不具波磔，起笔稍加顿驻，横画收笔也有回锋，而"撇"则出锋，收笔较尖，这些和后世楷书、行书有相似之处。宣帝的墨迹文字《神爵四年简》(前58)为楷书

---

① 关键的指标是收笔的顿按，这应该是早期楷书的一个明显特点，这种简便使用的笔法以及造成的形态，在魏晋时期的楷书中得以确定。本书区分早期楷书与俗笔隶书，是将横画收笔的顿笔形态、横向笔画左低右高的斜度作为重要标准，仅此一点显然不够，还要考虑短撇和变捺为点的写法。如果横平竖直，结体平正，几十画画收笔偶有顿笔形态，仍然归为当时日常所用的俗笔隶书。刘涛：《〈长沙东牌楼东汉简牍〉各体书法述要兼说早期行书、楷书的特征》，《书法丛刊》，2009年5期。

② 丛文俊：《汉唐隶书通论》，丛文俊：《揭示古典的真实——丛文俊书学学术研究论集》，中州古籍出版社，2003年。

③ 如敦煌发现的永和二年(137)简和传世的熹平元年(172)陶瓶，是经常为讲字体的人所引用的例子。有些东汉晚期的墓壁题字和墓砖刻文，如和林格尔发现的护乌桓校尉墓的题字和亳县曹氏墓的有些墓砖刻文，也是属于这种书体。为了区别于正规的隶书，我们姑且把这种字体称为新隶体。新隶体在魏晋时代仍然流行。裘锡圭：《文字学概要》，商务印书馆，1988年版。

④ 裘锡圭：《文字学概要》，商务印书馆，1988年版。

滥觞①。在甘肃武威磨咀子六号汉墓出土的，书写于西汉成帝时期（前32—前7）的《仪礼》木简，有些"撇""钩""捺"等笔画类似于后世的楷书。结体左敛右舒，重心偏向于字的左侧，运笔较快，一些笔画往往出锋收笔。"撇"的收笔都是留住稍顿藏锋，或是逐渐丰肥，最后顿笔趯起；"捺"的收笔大多微微上翘，而类似楷书的"钩"几乎没有。这使我们看到了楷书是由隶书简捷书写而逐渐形成的一个例证。楷书的一些特征，在西汉后期隶书成熟时就已经孕育了。

如《王杖诏令》有楷书笔法的痕迹，"东""广"等字的最后两笔用两点代替，落笔较重，收笔较轻，有明显的楷书用笔的提按。敦煌汉简中的东汉顺帝永和二年（137）的《王门官隧次行简》结体平正，几乎没有波势，楷化趋势较为明显。三国孙吴赤乌十二年（249）朱然墓名刺（即《朱然名刺》），为手写文字，横画向竖画的转折处具备了换锋的技法和"三过折"笔法②。三国东吴（222—280）初期鄂城史绰墓出土木刺《史绰名刺》③。高荣墓出土木刺、晋（265—420）吴应墓出土木刺、长沙走马楼三国吴简④，这其中的撇、捺、转折的用笔特征与以后的楷书基本相同。

从刻石文字来看，汉桓帝永寿三年（157）十二月刻《许安国祠堂题记》⑤，点画笔势加长，以点代撇，如"被""柜"二字的撇笔，

---

① "又神爵四年简（屯戍丛残·烽燧类第二十二）与二爨碑颇相似，为今楷之滥觞，至永和二年（137）简（屯戍丛残·簿书类第二十三）则楷七而隶三矣。魏景元四年（263）简（屯戍丛残·杂事类第五十六）则全为楷书。"参见罗振玉、王国维：《流沙坠简·简牍遗文考释》，中华书局，1993年版。

② 安徽省文物考古研究所、马鞍山市文化局：《安徽马鞍山东吴朱然墓发掘简报》，《文物》1986年3期，第6—7页。

③ 鄂城县博物馆：《湖北鄂城四座吴墓发掘报告》，《考古》1982年3期，第257—269页。

④ 长沙市文物考古研究所等：《长沙走马楼三国吴简》，文物出版社，1999年版。

⑤ 济宁地区文物组、嘉祥县文管所《山东嘉祥宋山1980年出土的汉画像石》，《文物》，1982年5期，第60—70页。

又代替了捺笔，如"牧""来""天"三字。横笔收笔处很少出锋挑波，多是急收重按，如"十""可""文""不"四字横笔。撇笔处不是回笔收锋，而是顺笔出锋。钩笔，不是弯曲挑锋，而是顿笔挑起。很显然，这些都是非常成熟的楷书特征。如灵帝建宁元年（168）的《武氏祠前石室题榜》，武氏祠前石室题榜的"人""吏"二字，捺笔不是提笔挑锋，而是顺势出锋。"杼"字的"木"旁，用点代替撇笔，尽管是隶字的结构，但点画是楷书的。1985年出土于河北沧县官厅乡北塔村东汉末的《朱书砖》①："上有朱书五行，字体在隶书与真书之间，而以真书的意味为多，例如其中许多长画，收笔处都是顿笔回锋，而无波画；不少长捺，多数写成了长点而不作波势。"刻石类早期楷书最早的是孙吴凤凰元年（272）所立的《九真太守谷朗碑》，与此碑相距不远的有《衡阳太守葛祚碑》（惜无年月）碑额。立碑作为庄严的行为，说明楷书在当时已是相当流行的。

到了楷书广为流行的东晋，人们对隶书的写法已经生疏，写隶书只是模仿"八分"的"横平竖直"和"翻挑分张"的形式特征②。

由于楷书的笔画由隶书发展、变异而来，以致于出现了在同一个字当中隶书笔画与楷书笔画混杂的现象。即便是到了魏碑体在北朝占据主流地位的时候，承接西晋体势，保留隶书笔意甚至掺杂篆书结构的旧体仍在延续和发展③。隶书作为庄重书体在北齐铭石书中依然运用，只是应用的数量极少而已，失去了隶书特有的平直之势和汉晋隶书"崇台重宇"般的端正庄严气象，更加具有了作为"旧

① 刘化一：《记新出土的一块汉代朱书砖》，《书法》1987年1期。
② 刘涛：《中国书法史·魏晋南北朝卷》，江苏教育出版社，2007年版。
③ 刘恒：《试谈东魏北齐铭石书风的转变》，丛文俊主编：《好太王碑暨十六国北朝刻石书法研究》，吉林文史出版社，2006年版。

体铭石书"①的特点。正如启功先生所讲"构造和笔画姿势都想学隶书，但书写技巧不纯，笔画无论方圆粗细，写得总不像汉碑那样地道"②。

北朝的墓志隶书受到了汉字楷化的影响，楷书区别于隶字的笔画特征，是源于楷书的用笔方法。楷书对汉隶起到了规整性的作用，结体上，继续保留了秦汉隶字的方折笔画结构，清除了残留的篆文因素，结体由"扁"变为"方正"。在实用的汉字书写上，一是保留了汉隶的"点"和"捺"，二是去除了汉隶横画最不稳定的波磔。

北朝后期的字体还处于不稳定的楷变之中，我们从以下三个方面进行详细的探讨：

（1）楷书的钩画特征，特别是竖钩笔画，是楷书区别于隶字最为显著的特征。

暴诞墓志

高百年妃斛律氏墓志

窦泰妻娄黑女墓志

---

① 曹魏时期，八分被尊为"铭石书"，成为专用于碑碣的庄重书体。斯风延续至唐不变，八分成为教授、考课书学生的必备书体之一。晋唐人把八分隶书叫作"铭石书"，我们既不妨根据它的滞后状态，暂时名为"旧体铭石书"，以明辨二者的异同。作为旧体铭石书，它与八分隶书的不同之处在于：（1）字势方正，时或纵长而近篆书体态。（2）撇捺和横画不长伸于字廓之处，且波曲很小。（3）字廓之内，笔画排列匀整紧密。（4）笔画粗细变化不著，类于篆法。（5）字形中很少有美的装饰与变化，质朴无华，有时会流于刻板呆滞。（6）其形态与秦汉铜器铭文的书刻有比较清楚的承递关系。见丛文俊：《关于高句丽好大王碑文字与书法之研究》，丛文俊主编：《好大王碑暨十六国北朝刻石书法研究》，吉林文史出版社，2006年版。

② 启功：《古代文字论稿》，文物出版社，1999年版，第37页。

李君妻崔宣华墓志

石信墓志

封子绘墓志

高湜墓志

高百年墓志

徐彻墓志

薛广墓志

元悰墓志

宗欣墓志

（2）楷书点画的撇画，由粗渐细，轻提出锋收笔，与隶字的左掠也不同，左掠的末笔不出锋。

暴诞墓志

窦泰墓志

封子绘墓志

高百年妃斛律氏墓志

高百年墓志

赫连子悦妻闾炫墓志

李君妻崔宣华墓志

刘悦墓志

吴迁墓志

薛广墓志

高湛墓志

叔孙固墓志

元悰墓志

元韶及妻侯氏合葬志

元文墓志

（3）楷书点画的折画，常常先提后顿，再折向右下运笔。与隶书的转折角度不同，隶书转折处的角度近于 90 度，而楷书略小于 90 度。

窦泰妻娄黑女墓志

封子绘墓志

高滉墓志

高百年妃斛律氏墓志

高百年墓志

赫连子悦妻闾炫墓志

李君妻崔宣华墓志

刘悦墓志

石信墓志

是连公妻邢阿光墓志

叔孙固墓志

吴迁墓志

徐彻墓志

元惊墓志

元文墓志

元延明妃冯氏墓志

窦泰墓志

总之，隶书的楷化过程是一个渐变的过程，从早期古隶到魏晋时期的新隶体，尤其是八分书在成熟定型、趋于程式化以后，新的更为实用的楷书受到全社会的青睐。到了两晋南北朝，经过诸如钟

繇、王羲之等文人们的一再美化，尤对楷书之"法"的确立，对楷书不够庄严稳重之处进行改造，楷书便成为一种成熟的书体在社会上通用。其中，《千字文》的楷书范本，使楷书日趋于规范化，南北朝时开始到初唐，楷书真正成熟[①]。隶书逐渐成为少数人好古尚古、学有专攻者笔下的古体，可供提炼与发展的基础日益微薄，人们的想象和创造能力日益萎缩，隶书的程式化即在所难免。北朝墓志隶书其非隶非楷的特征，主要表现在结构；用笔已受同期楷书的影响，故如果以旧体隶书作碑铭时不善，作隶者必然会渗入时代之痕迹。

三、云峰山刻石

云峰刻石分布在莱州市云峰山、大基山，平度市天柱山，青州市玲珑山。云峰山在莱州市城东南约五公里，海拔 305 米。云峰山西连高望山，东接寒同山。云峰山共有刻石 36 处，其中北朝 17 处、宋代 8 处、明清各 2 处、时代不明的 7 处[②]。

《郑文公下碑》（图 1–35）在云峰山北麓《石匠题字》北 50 米处。碑额上刻"荥阳郑文公之碑"，碑文 51 行，行 29 字不等，计 1243 字。此碑刊刻于北魏宣武帝永平四年（511），著录于宋代赵明诚的《金石录》。民国的欧阳辅在《集古求真》中记载："郑道昭书，雄浑深厚，真有腾天潜渊、横扫一世之妙，北方之圣手也。其子述祖亦善书，兼工八分，当与王右军父子并驾齐驱，分道扬镳，为南北书家宗祖。"

在山北麓"虎头岩"北偏东 13.3 米处，刻有《论经书诗》（图 1–36），字径 15 厘米，计 324 字。在山北麓《耿伏奴题字》南偏东 4.85 米处，刻有《观海童诗》，刻 13 行，行 8 字，计 104 字。此外，天柱山的《东

---

①　王凤阳：《汉字学》，吉林文史出版社，1989 年版，第 154 页。

②　山东省石刻艺术博物馆：《云峰刻石调查与研究》，齐鲁书社，1992 年版。

堪石室铭》也堪称北朝刻石书法的代表之作。

在碑派书法的取法上，《郑文公碑》历来被众多碑学家所论及，阮元《南北书派论》所列"岂皆拙书哉"诸碑中已有，《北碑南帖论》又认为《瘗鹤铭》与莱州郑道昭《山门》字相较，体似相近，然妍态多而古法少矣。自此开始，对此碑的阐释始终伴随着与《瘗鹤铭》的比较。

图 1-35　郑文公下碑

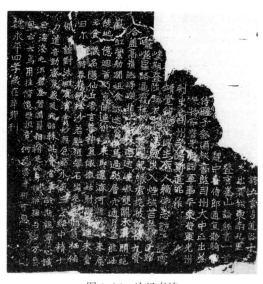

图 1-36　论经书诗

包世臣认为《郑文公碑》与南朝《鹤铭》《石阙》二种，"萧散骏逸，殊途同归"，又因南朝二碑磨泐字少，《郑碑》字逾千言，"并非剥损"，故十分珍重。1840 年，包世臣赠龚自珍《瘗鹤铭》，龚自珍又有"欲与此铭分浩逸，北朝差许郑文公"诗句，同样将两者相提并论。此时，包世臣更进一步说明："字独真正，而篆势、分韵、草情毕具。其中布白本《乙瑛》、措画本《石鼓》，与草同源，故自署曰草篆，不言分者，体近易见也。"①

　　同治、光绪朝的文人书家极力推崇并力主对《郑文公》一碑的评价，显然认为《郑文公碑》具备了其他碑刻所不具备的特点，此碑在清代立碑派那里，可以作为"理想化"的范本。（表1-3）

表1-3　有关对《郑文公碑》的评价

碑名	审美风格	有关评价（含文献出处）
郑文公碑	融汇篆隶	《郑文公》为篆、隶、分融铸而成……②（谭献） 论北朝书者，上推本于汉、魏，若《经石峪大字》《云峰山五言》《郑文公碑》《刁惠公志》，则以为出于《乙瑛》……《瘗鹤铭》用笔隐通篆意，与后魏郑道昭书若合一契……③（刘熙载） 圆笔之极轨……④（康有为） 上承分篆……⑤（叶昌炽） 瑞清生平论书分三大派：《鹤铭》为篆宗，《爨宝》字为隶宗，《郑文公》为篆隶合宗。《郑文公》祖述《散盘》，下通《五凤》……直《散氏盘》耳……故不通篆隶，而高谈北碑者妄也。⑥（李瑞清）

---

① [清]包世臣：《历下笔谭》，收入《历代书法论文选》，上海书画出版社，1979年版，第651页。

② [清]刘咸炘：《弄翰余沈》，收入《历代书法论文选续编》，上海书画出版社，1993年版，第919—920页。

③ [清]刘熙载：《艺概》，收入《历代书法论文选》，上海书画出版社，1979年版，第695、696页。

④ [清]康有为：《广艺舟双楫》，收入《历代书法论文选》，上海书画出版社，1979年版，第836页。

⑤ [清]叶昌炽撰、柯昌泗评：《语石·语石异同评》，中华书局，1994年版，第426页。

⑥ [清]李瑞清：《清道人论书嘉言录》，收入《明清书法论文选》，上海书店出版社，1994年版，第1067、1072、1089页。

续表

碑名	审美风格	有关评价（含文献出处）
郑文公碑	贯通南北	书法之妙，直逼《瘗鹤铭》。^①（杨守敬） 与南朝之《瘗鹤铭》异曲同工。^②（杨守敬） 《瘗鹤铭》用笔隐通篆意，与后魏郑道昭书若合一契，此可与穷心南北书者共参之。^③（刘熙载） 中岳先生所写诸大碑，究与南朝碑版一鼻孔出气耳。^④（沈景修） 化北方之乔野，如筚路蓝缕，进于文明。^⑤（叶昌炽）
	奇逸舒展	《石门铭》为飞逸浑穆之宗，《郑文公》《瘗鹤铭》辅之……即《石门铭》《郑文公》《朱君山》之奇逸，亦无不然……疏之《石门铭》《郑文公》以逸其神……体高气逸，密致而通理，如仙人啸树，海客泛槎，令人想象无尽，若能以作大字，其秾姿逸韵，当如食防风粥，口香三日也。^⑥（康有为） 游刃于虚，全以神运……^⑦（叶昌炽） 舒展自如……遒劲奇伟……^⑧（杨守敬） 郑道昭云峰山各石，无不遒丽者……淡雅雍容，不激不厉……^⑨（李瑞清）

① ［清］杨守敬：《平碑记》，收入谢承仁主编：《杨守敬集》（第 8 册），湖北人民出版社、湖北教育出版社，1997 年版，第 557 页。

② ［清］杨守敬：《学书迩言·评碑》，收入《历代书法论文选续编》，上海书画出版社，1993 年版，第 716 页。

③ ［清］刘熙载：《艺概》，收入《历代书法论文选》，上海书画出版社，1979 年版，第 695—696 页。

④ 清代名人书札编写组：《清代名人书札》（下），北京师范大学出版社，1990 年版，第 95 页。

⑤ ［清］叶昌炽撰、柯昌泗评：《语石·语石异同评》，中华书局，1994 年版，第 426 页。

⑥ ［清］康有为：《广艺舟双楫》，收入《历代书法论文选》，上海书画出版社，1979 年版，第 827、835、850、856 页。

⑦ ［清］叶昌炽撰、柯昌泗评：《语石·语石异同评》，中华书局，1994 年版，第 426 页。

⑧ ［清］杨守敬：《学术迩言·评碑》，收入《历代书法论文选续编》，上海书画出版社，1993 年版，第 716 页。

⑨ ［清］李瑞清：《清道人论书嘉言录》，收入《明清书法论文选》，上海书店出版社，1994 年版，第 1073、1089 页。

续表

碑名	审美风格	有关评价（含文献出处）
郑文公碑	奇逸舒展	《云峰山》为大观……笔笔舒畅，字字安适，行行流动。观第一笔则不知其第二笔如何着手而始可，观第一字则不知第二字如何位置而始安，及观其全文则又若随意出之而无奇。① （张宗祥） 慎伯生平谈北碑，然所习者《郑文公》《云峰山》柔婉一派……② （王潜刚）
	质朴拙厚	醇古渊穆，莫可与京。③ （李瑞清） 神态静漠……④ （张宗祥）

四、造像记与造像碑

在佛教空前兴盛的南北朝、隋唐时期，开凿石窟，建造佛像之风盛极一时。孝文帝元宏到宣武帝元恪时期，是造像记大为发展的时期。建造者在开凿石窟的时候，往往在造像、佛经的多余空间加刻造像题记，以记述事实为目的，内容多为造像时间、造像主姓名、所造佛像名称、发愿文等。较早的造像记为辽宁义县西北万佛堂的《元景造像记》，此造像位于万佛堂摩崖造像窟第五窟的南壁上，建造的时间为北魏太和二十三年（499），万佛堂石窟的始建年代与云冈石窟属于同一时期。此石窟为孝文皇帝及眷属禳灾祈福而建。迁都洛阳后，洛阳龙门石窟的古阳洞遂成为造像的聚集地，而龙门造像书法也成为北朝石刻形制中特有的书法式样，是典型的魏碑书法。

---

① 张宗祥：《书学源流论》，收入《历代书法论文选续编》，上海书画出版社，1993年版，第880页。
② 王潜刚：《清人书评》，收入《历代书法论文选续编》，上海书画出版社，1993年版，第829页。
③ ［清］李瑞清：《清道人论书嘉言录》，收入《明清书法论文选》，上海书店出版社，1994年版，第1072页。
④ 张宗祥：《书学源流论》，收入《历代书法论文选续编》，上海书画出版社，1993年版，第880页。

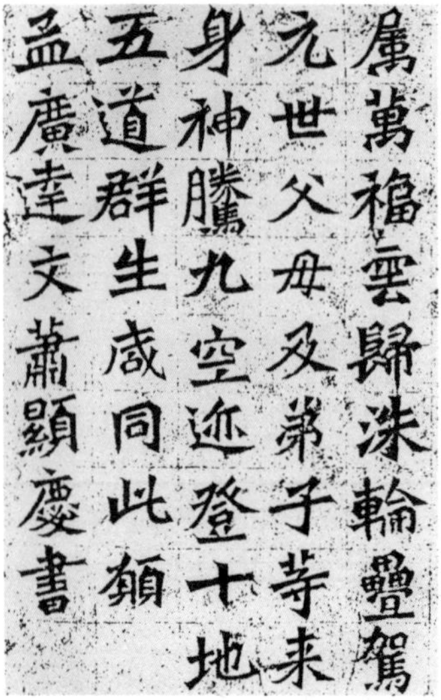

图1-37 《孙秋生造像记》

清代道光以后，龙门造像题记开始成为金石家、书法家、古玩收藏家墨拓的一个主要门类①。随之而来的是，造像记书法被纳入碑学的研究视野。

清代同治初期，士大夫群体出现了学习《龙门四品》造像书法的热潮，1868年杨守敬在《评碑记》谈到《孙秋生》（图1-37）等龙门造像时云："迩来学六朝者，多宗此等。"②《牛橛造像记》刻于太和十九年（495），为孝文帝迁都洛阳三年后所凿刻，此造像记有着特殊的范本意义，后来的龙门造像记大体是延续这种风格转化而来的。

乾隆末年，武亿跋《杨大眼造像记》（图1-38）云"书势尤碌卓，魏石刻亦希见"，③"碌卓"即为"高耸瘦削"。包世臣在1819年《述书》中指出："《张公清颂》《贾使君》《魏灵藏》《杨大眼》《始平公》（图1-39）各造像为一种，皆出《孔羡》，具龙威虎震之规。"④此处包世臣将石碑与造像记书法混为一谈，但是包氏却指出了龙门诸品奔放雄强的特点，两人所言与同治之后的评价基本一致。赵之谦在1862年《章安杂说》中认为："六朝古刻，妙在耐看。猝遇之，鄙夫骇、智士哂，瞪目半日，乃见一波磔、一起落，皆天造地设，

<hr>

① 仲威：《碑学十讲》，上海书画出版社，2005年版，第79页。

② ［清］杨守敬：《激素飞清阁评碑记》，谢承仁主编：《杨守敬集》（第八册），湖北人民出版社、湖北教育出版社，1997版，第556页。

③ ［清］王昶：《金石萃编》，中国书店出版社，1985年版，卷二十八之三。

④ ［清］包世臣：《历下笔谭》，收入《历代书法论文选》，上海书画出版社，1979年版，第652页。

图 1-38　《杨大眼造像记》

图1-39 《始平公造像记》局部

移易不得。"① 赵之谦对魏碑的认识，直接影响了赵氏对篆刻的创造意识。

1862年谭廷献在和魏锡曾讨论时，对造像中的刀笔之辨有较清醒的认识，认为造像记"刀多于笔，刀笔之辨，造像、碑版之分也……"② 杨守敬在1868年论及龙门诸品时云："北魏人造像……以此五种为最工，结体别有一种风味，用笔尤斩钉截铁。"③ 后来刘咸炘也指出："后人于崭截齐整之处，悉以为用笔之妙。"④ "斩钉截铁"的用笔方法已经成为龙门造像书法的典型风格特点。

但是到了民国初年，也有人提出了质疑。顾燮光在《梦碧簃石言》中评《龙门造像记》虽然认为"结体朴拙""用笔有法""且开唐贤欧褚门径"，但又指出"今人染翰临池，师其意取其法可也，若以结体骄人，未免罔人自罔，后之识者定不以余言为诬也"⑤。

① ［清］赵之谦：《章安杂说》，上海人民美术出版社，1999年版。

② ［清］谭献：《非见斋审定六朝正书碑目》，《石刻史料新编》，新文丰出版有限股份公司，1986年版，第3辑，第36册，第519页。

③ ［清］杨守敬：《激素飞清阁评碑记》，谢承仁：《杨守敬集》（第八册），湖北人民出版社、湖北教育出版社，1997版，第556页。

④ ［清］刘咸炘：《弄翰余沈》，收入《历代书法论文选续编》，上海书画出版社，1993年版，第912—913页。

⑤ 顾燮光：《梦碧簃石言》，《石刻史料新编》，新文丰出版有限股份公司，1986年版，第3辑，第2册，第233页。

　　在龙门诸品之外，一些冷僻造像也备受关注。此类造像题字写刻更加随意，刻写水平远不及龙门诸品。沈树镛于同治癸亥年（1863）集成《龙门二十品》，徐会沣也手集《六朝造像》，1865 年赵之谦为之题嵓。① 可以说，对冷僻造像的取法与龙门诸品是同时的，1876 年杨守敬在《旧馆坛碑》跋中记载："尔来金石家痛诋集帖，指《黄庭》《乐毅》为宋人所乱，激而求之北朝，洵称先觉。然谓二王微旨尽于梵碣造像之中，亦恐有间。悬此书以救北碑之偏，以证集帖之误，山阴矩矱，其庶几乎？"② 北碑之偏即是指对"梵碣造像"的取法。晚清书家对刻帖的诋毁，始于东晋书法已被宋人翻刻失真，已非原来面目。书家取法完全可以从碑刻中寻找新鲜的血液。在碑学家看来，北朝碑刻本身就隐含了"二王"的笔法。

　　此类造像另一个特点为"古拙"。沈树镛在其所集《龙门二十品》之后题跋："六朝造像石刻，不必尽出能书者而古拙之趣自存，至唐人曲尽楷法能事，古意浸失。"③ 这种评价着眼于龙门四品以外、龙门二十品以内的其他造像。大体来说，这些造像在结体和用笔上都不及前四品凌厉，但方板凝重之处仍然相通，仍可以"拙"视之。杨守敬在 1877 年所作《楷法溯源》中认为"汉隶之少波磔"是楷法之源，造像书法"执笔皆有篆隶意"，造像书法的折刀头、出锋和斑驳圆浑之形，均带有隶书、篆书的笔法特征，这种书写的姿态往往会给人一种"古拙"的审美体验。

　　除了龙门石窟的造像题记外，位于山东青州地区的博兴县，近几十年来出土了大批的佛教造像，内容主要为弥勒造像和卢舍那佛造

① 邹涛：《赵之谦年谱》，荣宝斋出版社，2003 年版，第 148 页。

② ［清］杨守敬：《望堂金石初集》，《石刻史料新编》，新文丰出版有限股份公司，1986 年版，第 2 辑，第 4 册，第 2935 页。

③ ［清］沈树镛：《汉石经室金石跋尾·六朝造像》，《石刻史料新编》，新文丰出版有限股份公司，1986 年版，第 3 辑，第 38 册，第 266 页。

图1-40 翟洛周造弥勒像

像题记。博兴博物馆馆藏带有铭文的弥勒造像主要有：北魏孝昌二年（526）《王和之造像》；北齐武平元年（570）《鲁思荣造像》，龙华寺遗址出土，方形座，青石质；《翟洛周造弥勒像》（图1-40），龙华寺遗址出土。博兴在南北朝时属于青州，该地区在南北朝时期佛教兴盛，目前发现该时期的佛教遗物400余件。博兴博物馆馆藏"卢舍那"题记的造像座就有9件，数量之多，实为罕见，其时代集中在北齐至隋，尤以北齐居多。如北齐天保九年（558）造像残石、北齐天统元年（565）《成天顺造像座》、北齐天统二年（566）《公乘青头造像》（图1-41）、北齐武平元年（570）《苏慈造像》、北齐武平四年（573）《刘贵造像》、北齐武平四年（573）造像残石。博兴县出土的这批北朝后期的弥勒造像和卢舍那佛造像题记书法，其书法形态已经是成熟期的魏碑书法形态。

图1-41 公乘青头造像

　　除了造像记，还有造像碑这一形制。在我国的北方地区存有数量众多的造像碑，主要集中于陕西、山西、河南、山东等省，以渭北地区的造像碑最具代表性，位于陕西关中地区北部的铜川药王山，是国内北朝造像碑最多的地方。其中，佛道融合的造像碑数量居全国之首。铜川药王山博物馆和临潼博物馆藏有北魏、西魏、北周、隋唐朝代的佛、道及佛道混合造像碑约百余通。

　　《魏文朗造像碑》（424）（图1-42）为北魏佛道融合造像碑之始。《魏文朗造像碑》1934年出土于耀县漆河，现存放于药王山碑林，刻于北魏太武帝始光元年（424），碑阳上部凿一拱形龛，内雕佛道两尊造像，左为天尊，右为释迦。碑阴龛内雕一尊思惟菩萨。碑左侧刻有两尊道教天尊和二胁侍，下刻有佛教的护法夜叉。碑石右侧造有一佛二菩萨。此碑书法结体草率，字迹浑厚，以方笔为主，棱角明显，横画保留弧度，横画的末笔处有向右上方的挑出。

　　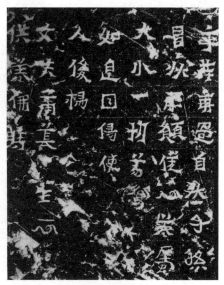

图1-42-1　《魏文朗造像碑》碑阳　　图1-42-2　《魏文朗造像碑》碑阴局部

　　《姚伯多造像碑》（图 1–43）1912 年出土于耀县文正书院，后迁移到药王山碑林，此碑为四面造像，刻于北魏孝文帝太和二十年（496），碑阳上部凿一浅龛，无龛楣，内雕三尊造像，主尊为老君像，两侧为侍者，头戴道冠，曲膝蹲于两旁。下半部刻发愿文。碑阴上半部凿上下两龛，上龛内雕头戴冠帽的道装造像，下龛正中为一道装造像，两侧为侍者，下半部刻有发愿文。碑左右两侧，上半部均有供养人，下半部刻有题记。民国书法家于右任先生曾将《姚伯多造像碑》《广武将军碑》和《慕容恩碑》并称"魏碑三绝"。药王山现存的佛道造像碑书法，不同于龙门石窟题记的造像书法，造像碑书法结体草率奇崛，拙中寓巧，意态横出，断笔现象经常出现，用笔尖锋入笔，别具意趣。

图 1–43–1　《姚伯多造像碑》碑阳　　图 1–43–2　《姚伯多造像碑》碑阳发愿文局部

除了铜川药王山的造像碑外，西安碑林还存有北魏正光三年（522）的《茹小策合邑一百人造像碑》，此碑于清末关中地区发现，碑左侧发愿文反映了当时佛道袄兼崇的民间信仰。美国大都会博物馆藏有《李道赞等五百人造像记》，时间大约为北魏永熙二年（533）至东魏武定元年（543）间，此造像是迄今存世形体最大、雕刻精美的佛教造像碑。

五、北凉石塔

北凉是五世纪初东晋十六国时期割据河西走廊地区的小政权，公元397年建国，439年被北魏所灭，共43年。如果加上其余部迁都高昌（吐鲁番）后至460年北凉灭亡近二十年时间，共60余年。北凉的兴盛时期，是在沮渠蒙逊主政的三十多年里，其后其子沮渠牧犍嗣位七年即为北魏所灭，余部无讳、安周西迁高昌，称凉都高昌时期。

北凉石塔是北凉时期雕刻的佛教文物，20世纪初在武威、酒泉、敦煌、吐鲁番等地陆续发现了一批石塔，其建造者为普通的佛教信徒，目的在于"为父母师长君王国主及一切众生愿共成最正觉"。现存的石塔主要有武威一塔、酒泉六塔、敦煌五塔、吐鲁番二塔。[①]

北凉石塔是由宝盖、相轮、覆钵丘、圆柱形塔身、八角形基座等部分组成。北凉石塔覆钵丘上刻七坐佛及交脚弥勒菩萨八个龛像，圆柱形塔身刻《增一阿含经》卷四十二《结禁品》中十二因缘或长或短的一段。代表性的石塔主要有北凉承玄元年（428）的《高善穆刻经石塔》、北凉承玄二年（429）的《田弘石塔》、北凉永和四年（436）的《程段儿造像塔》。其中《高善穆刻经石塔》（图1-44）（甘

---

① 张宝玺：《北凉石塔艺术》，上海辞书出版社，2006年版。

肃酒泉市石佛湾子出土，现存甘肃省博物馆）是我国现存模仿印度覆钵塔的最早实例，也是现存纪年最早的刻经。上部刻浮雕佛像八身，作禅定状；下部阴线刻供养菩萨八身。塔基上为圆柱覆钵形塔身，刻《增一阿含经·结禁品》之部分，前题："高善穆为父母报恩立此释迦文尼得道塔。"末刻北凉承玄元年（428）四月十四日发愿文六行。

图 1-44-1　北凉石塔　　　　图 1-44-2　高善穆刻经石塔经文部分

此外，1905 年德国探险队在高昌故城曾得到《佛说十二因缘经石塔》，现藏德国柏林印度艺术博物馆，经文 12 行，末刻供养人"宋庆""妻张"题名。此石塔雕刻精美，其字体风格与河西走廊出土的北凉石塔刻经书风接近。

北凉石塔刻经书法有着极高的书法价值。"北凉体"书迹主要出现在敦煌、鄯善、酒泉、吐鲁番等地发现的写经、石塔、造寺碑上。比如，后凉麟嘉五年（393）的《维摩诘经》（日本龙谷大学藏），北凉玄始十六年（427）的《优婆塞戒经卷第七》（日本京都博物馆藏），北凉承平十五年（457）的《佛说菩萨藏经第一》（日本东京台东区立书道博物馆藏），北凉承平三年（445）的《吐鲁番沮渠安周造佛寺功德碑》以及北凉承平十三年（455）《沮渠封戴墓表》（图1-45）、

图1-45　《沮渠封戴墓表》局部

《镇军梁府君墓表》，其书写特征的共性非常明显。其隶书风格都十分相似，每字的主横画波磔的起笔都是顺锋落笔，然后下顿，向右行笔时略提，收笔时顿笔侧锋上挑。由于起笔露锋，故笔画两端皆尖峭，所谓用笔如"折刀头"。其向左的波撇在收笔时加重顿笔，由下向上露锋挑起，使得波撇尾端加重而更放削。

有的学者将北凉地区的书风定为具有典型地方风格的"北凉体"，华人德先生曾对这一书体作过系统研究，他认为"北凉体"只是见于写经标题、造塔发愿文、造寺碑、墓表等，说明"北凉体"并非日用书体，而是用于庄重场合的较古书体。西北地区和南方在同一时期出现一种类似的书风，比如立于东晋义熙元年（405）的《爨宝子碑》以及1960年在南京出土的南朝宋永初二年（421）的《晋恭帝玄宫石碣》与北凉石塔上的塔铭，其书体特征极为相近，推翻了"北凉体"作为地方体的说法。

第二章　北朝石刻的书法特征

一、摩崖刻经的审美类型

刻经书法是经文书法中的大字书法作品，刻经书法的刻制效果迥异于写经书法墨迹。在清代，刻经书法被碑学家赋予了独特的书法审美价值，清代杨守敬认为《北齐泰山经石峪》以径尺之大书如作小楷，无剑拔弩张之气，为擘窠大书之极则。又如《唐邕写经碑》诸石刻，皆为北齐碑刻之杰作，北周《匡喆刻经颂》亦具有无法比拟的先天优势，刻经既与写经书法有着亲缘关系，又有着因书写载体的要求而形成的自我面貌，北朝碑刻的文字与书法具有文字学和书法学双重属性，它不仅阐释了文字在书法中的支撑作用，而且刻经也因书法的精美增强了自身的传播力。

本章是以北朝摩崖刻经书法类型为中心进行的研究，并把北朝时期山东、河北、河南地区的刻经书法分成了刻经隶书和刻经楷书两大类型，又把刻经隶书分为三种类型：隶楷相掺类型、典型隶书类型、通俗隶书类型，并对其相应的类型进行书法风格及渊源的分析。

（一）隶楷相掺类型

隶楷相掺类型：指以隶书为主体，而其中又有少量笔法来自楷书，或部分结构已经楷化，或章法已变为楷书的章法。主要包括山东地区的刻经①，北响堂山的《无量义经·德行品》②《唐邕刻经碑》，南响堂山的《文殊师利所说摩诃般若波罗蜜经》卷下节文、《大方等大集经》卷第一《海慧菩萨品》第五，《摩诃般若波罗蜜经》第二十七《法尚品》节文。

隶楷相掺现象溯源：古隶衍生出了楷书，从楷书萌芽的初期，其书体的特点就与隶书交织在一起，尤其在两汉简牍帛书及魏晋南北朝时期的铭石书中，表现得尤为明显。

早在西汉武帝时期的文字墨迹中，隶书夹杂楷书的现象就已出现。如《太初三年简》（前102）《天汉三年简》（前98）（图2-1）、《太始三年简》（前94）。

居延、敦煌出土的西汉中期的汉简上，已有墨书古隶，并且相当楷书化，不具波磔，起笔稍加顿驻，横画收笔也有回锋的，而"撇"则出锋，收笔较尖，这些和后世楷书、行书有相似之处。

宣帝时期的墨迹《神爵四年简》（前58），为楷书之滥觞③。在甘肃武威磨咀子六号汉墓出土的《仪礼》木简（图2-2），书写于西汉成帝时期（前32—前7），其"撇""捺"等笔画类似于后世的楷书。结体左敛右舒，重心偏向于字的左侧，运笔较快，一些笔画往往出锋收笔，"撇"的收笔都是留住稍

图 2-1
《天汉三年简》

①　赖非：《山东北朝佛教摩崖刻经调查与研究》，科学出版社，2007年版，第238—239页。

②　在后室前壁拱门的两侧壁刻有《无量义经·德行品》，右壁刻16行，行21字，左壁18行，行21字，字径5厘米。赵立春：《响堂山石窟北朝刻经试论》，《文物春秋》，2003年4期。笔者认为此书体特征实为隶楷相掺的隶书体，并非正书。

③　罗振玉、王国维：《流沙坠简·简牍遗文考释》，中华书局，1993年版。

顿藏锋，或是逐渐丰肥，最后顿笔起，"捺"的收笔大多微微上翘，而类似楷书的"钩"几乎没有。这使我们看到了楷书是由隶书简捷书写而逐渐形成的一个例证。楷书的一些特征，在西汉后期隶书成熟时就已经孕育了[1]。

东汉顺帝永和二年（137）敦煌汉简中编号为1974号的简（图2-3），结体平正，几乎没有波势，楷化趋势较为明显。三国孙吴赤乌十二年（249）朱然墓名刺为手写文字，横画向竖画转折的转折处具备了换锋的技法和"三过折"笔法[2]，三国东吴（222—280）初期鄂城史绰墓出土的木刺《史绰名刺》[3]，高荣墓出土的木刺和晋（265—

图2-2　《仪礼》木简　　　　　　　　　　图2-3　1974号简

---

① 华人德：《从出土简牍看两汉书法》，收入《华人德书学文集》，荣宝斋出版社，2008年版，第125页。

② 安徽省文物考古研究所、马鞍山市文化局：《安徽马鞍山东吴朱然墓发掘简报》，《文物》，1986年3期，第6—7页。

③ 见湖北省鄂城县博物馆：《湖北鄂城四座吴墓发掘简报》，《考古》，1982年3期，第257—269页。

420）吴应墓出土木刺，长沙走马楼三国吴简①中的撇、捺、转折的用笔特征与以后的楷书基本相同。

隶楷相掺的刻石较早可以见于孙吴末年的《谷朗碑》，东晋墓志书法又是继承《谷朗碑》的刻工程式。②到了楷书广为流行的东晋，人们对隶书的写法已经生疏，写隶书只是模仿"八分"的"横平竖直"和"翻挑分张"的形式③，使其具有了"旧体铭石书"的特征，字势方正，时或纵长而近篆书体态；撇捺和横画不长伸于字廓之处，且波曲很小；字廓之内，笔画排列匀整紧密；笔画粗细变化不著，类于篆法；字形中很少有美的装饰与变化，质朴无华，有时会流于刻板呆滞；其形态与秦汉铜器铭文的书刻有比较清楚的承递关系。④

北朝时期，北方刻石大盛，延续魏晋铭石书风气，努力追踪汉魏时代的遗风。此时，北方书法的发展大致经历了三个阶段⑤，形成了斜画紧结和平画宽结两个大的发展时期。早期，处于隶楷二体交叉不自觉的无意形态；中期，典型魏碑体出现；晚期，多种书体并现，既有典型的魏晋风格的隶书作品，也有因复古回潮出现了楷隶交混甚至掺入古文字的现象。期间又因朝代的更替，出现了内在书风的转变⑥。

---

① 据目前整理的结果看，所见年号大部分为孙权的黄武、黄龙、嘉禾等，也有少量东汉晚期的建安年号。湖南省长沙市文物考古研究所等：《长沙走马楼三国吴简》，文物出版社，1999 年版。

② 黄惇：《东晋碑刻隶楷书体辨》，董恒宇主编：《全国首届碑帖学术研讨会论文集》，文物出版社，2005 年版，第 194—203 页。

③ 刘涛：《中国书法史·魏晋南北朝卷》，江苏教育出版社，2007 年版，第 251 页。

④ 丛文俊：《关于高句丽好大王碑文字与书法之研究》，丛文俊主编：《好大王碑暨十六国北朝刻石书法研究》，吉林文史出版社，2006 年版，第 39 页。

⑤ 黄惇：《北朝刻石书法若干问题之研究》，丛文俊主编：《好大王碑暨十六国北朝刻石书法研究》，吉林文史出版社，2006 年版，第 158 页。

⑥ 刘恒：《试谈东魏北齐铭石书风的转变》，丛文俊主编：《好大王碑暨十六国北朝刻石书法研究》，吉林文史出版社，2006 年版，第 171—173 页。

事实上，十六国时期的《广武将军碑》已是杂有楷法的隶书，北魏早期①的碑刻如太武帝拓跋焘东巡期间在河北刻立的《太武帝东巡碑》（437），文成帝拓跋濬南巡时在灵丘刻立的《皇帝南巡碑》（461），还有456年的《中岳嵩高灵庙碑》，其书写的体式已明显带有楷书的体式。北朝时期刻经中的隶楷相掺类型的隶书，处于北朝刻石的后期阶段，不仅在刻石中杂有篆书的偏旁，而且在用笔和体势上有着鲜明的时代特征，足见外部环境对刻经书体的影响。

此外，魏晋南北朝石刻中出现的"隶楷现象"不能作为隶书向楷书过渡的例证。丛文俊先生认为：

> 八分隶书发生蜕变之后，两晋南北朝时期出现一种隶楷兼备的书体，学者均视之为由隶到楷的过渡状态，这实在是一个误会。隶书蜕变与楷书的产生和发展是并行的，二者间不存在新旧交替的直线衔接关系。②

黄惇先生认为：

> 楷书成熟于东晋，但不能以铭石书作为标志。铭石书的完全楷化，大约要到南方刘宋后期，故滞后约百年左右。③

---

① 398 年北魏定都平城（今山西大同）到 494 年迁都的这一段时期，称为平城时期，平城时期达 97 年，时间上长于洛阳时期的 40 年。

② 丛文俊：《汉唐隶书通论》，张啸东主编：《揭示古典的真实——丛文俊书学、学术研究论集》，中州古籍出版社，2003 年版，第 225 页。

③ 黄惇：《东晋碑刻隶楷书体辨》，董恒宇主编：《全国首届碑帖学术研讨会论文集》，文物出版社，2005 年版，第 194—203 页。

刘涛先生和裘锡圭先生也持这种观点。[①]

在对表现出隶楷现象的字体进行命名时，研究者也莫衷一是，启功先生将魏晋时期杂有楷式的隶书称为"隶真的化合体"[②]，裘锡圭称为"新隶体"[③]，丛文俊称为"泛隶书化现象"[④]，刘涛先生把这一现象称作书迹的"变态"现象[⑤]，赖非先生把两晋时期的隶楷现象称之为"早期的魏书"[⑥]。黄惇先生在论及东晋碑刻隶楷书体的情况时，对这种现象做了书体上的划分[⑦]。

其实，汉代的隶书发展到魏晋南北朝时，隶书已经处于发展的末流阶段，而此时的行书、草书、楷书正处于大发展的时期。楷书和隶书作为石刻主要的文字应用于庄重的场合，不可避免地受到各种字体的影响，隶书中隶楷现象的出现即证明这一点。这种书体仍然是隶书体，只是其中的笔画发生了变化，徐邦达先生认为：

在西汉的碑刻中也还有一些面积大都方正或个别字带长形，

---

① "汉武帝以来到西晋时期，隶书是正体。东晋时楷书已成正体，也见到少数楷书墓志，但是铭石体仍以隶书为主流。铭石体完成隶书向楷书转变的时代，在公元5世纪20年代到70年代。"见刘涛：《中国书法史·魏晋南北朝卷》，江苏教育出版社，2007年，第304—305页。"在南北朝的碑志上可以看到一些仿八分的字。这类字与略带八分笔意的魏碑体是不同性质的。有的人把它们看作由汉隶向楷书演变过程中的字体，有的人把它们跟魏碑体混为一谈，都是不正确的。"裘锡圭：《文字学概要》，商务印书馆，1988年，第94页。

② 启功：《古代字体论稿》，文物出版社，1999年版，第37页。

③ 裘锡圭：《文字学概要》，商务印书馆，1988年版，第92页。

④ 丛文俊：《中国书法史·先秦秦代卷》，江苏教育出版社，2007年版，第60页。

⑤ 刘涛：《中国书法史·魏晋南北朝卷》，江苏教育出版社，2007年版，第252页。

⑥ 赖非：《魏晋南北朝书法类型》，赖非：《书法类型学的初步实践》，深圳金屋出版公司，2003年版，第71—72页。

⑦ 黄惇：《东晋碑刻隶楷书体辨》，董恒宇主编：《全国首届碑帖学术研讨会论文集》，文物出版社，2005年版，第194—203页。

又仅有极短的波势的字体。近年在江苏省南京市出土了东晋谢鲲的墓志，还能见到用的仍是这样的字体。这种字体应当说都是隶书，因为其形式自秦到汉，虽有些变化，但并不太大。从字形的面积上讲：先带长方，后变方扁，有些地方还交叉互用着。长波、短波，也同样是交叉互用、不分前后的。因此决不能说它是一种字体彻底变为另一种字体的新旧二体，而是一种字体在前前后后中间的个别量变罢了。①

另外，北朝时期的石刻隶书笔画系统仍处于动态演变之中②。

这种现象不论是归于隶书还是归于隶楷书，有一点是共同的，都含有隶书的笔意。何为隶书笔意？在 20 世纪 60 年代的"兰亭论辩"中，就此问题产生了分歧。隶书笔意，必须以具有隶笔的形态为前提，因隶书笔意是由隶笔表现出来的，离开了这个条件，所谓隶书笔意是不存在的③。隶书笔意的外在表现为：在体势上含隶意，结字横向取势，体形多横方，表现出向左右横向运动的意韵与姿态；用笔上含隶意，点画线条的起笔多出以方笔，撇捺波挑等常杂以隶法，勾趯亦多平出④。

通过对隶楷相掺类型隶书的溯源，我们发现了隶楷相掺的现象在两汉简牍及孙吴的刻石中就已出现，古隶衍生出了楷书，从古人对楷书概念⑤起初的命名中，就可见一斑。

---

① 徐邦达：《五体书新论》，收入中国书法家协会编：《现代书法论文选》，上海书画出版社，1980 年版，第 263 页。

② 段雪莲：《北朝石刻隶书研究》，华东师范大学硕士论文，2008 年，第 83 页。

③ 商承祚：《论东晋的书法风格并及〈兰亭序〉》，《中山大学学报》，1966 年 1 期。

④ 徐利明：《篆隶笔意与四百年书法流变》，中国社会出版社，2002 年，第 19 页。

⑤ 戴家妙：《关于楷书书体的概念与发生、发展过程》，《书法研究》，2001 年 2 期，第 48 页。

此外，刻经中的隶楷相掺类型受到了写经书法[1]的影响，山东地区的摩崖刻经还出现了与写经本分段落一致的情况[2]，隶楷相掺类型的隶书在风格上接近于南齐写本《金刚般若波罗蜜经》，此卷现藏敦煌研究院，全卷完整，唯卷首和中部残损，卷末有题记：

> 金刚般若波罗蜜卷一百卅六终。建武四年岁在丁丑九月朔日吴郡太守张璨敬造。[3]

在用笔及体势上吸收了西凉建初二年（406）的《十诵比丘戒本》的某些用笔特征。如表 2-1 所示：

表 2-1

泰山经石峪	葛山刻经	铁山刻经	峄山刻经	西凉写本《十诵比丘戒本》写经
何	可	引	何	可 何
歲	減	減		戒
人		灾	文	波

---

[1] 关于写经的概念：所谓写经，包括经、律、论三大类，还包括注疏、释义、赞文、陀罗尼、发愿文、启请文、忏悔文、祭文、僧传、经目等。其中，汉字写经约占百分之九十。经是一种古代的书法形式，敦煌写经是遗书中的一个内容，它本身并未形成书体。写经的书体是随着时代的发展在变化的书体，没有一个固定的类型，也不是一种专用的书体。因此，敦煌的写经，实际上是各个时期，社会上流行的多种风格，是从隶到楷衍变过程中形形色色的楷书形式。郑汝中：《敦煌书法概述》，载敦煌研究院：《敦煌书法库（一）》，甘肃人民出版社，1995 年版，第 5 页。其实，写经书法是多种书写风格类型的并存，有的学者把早期敦煌写本书法分为三期十三式。赵声良：《早期敦煌写本书法的时代分期和类型》，敦煌研究院：《敦煌书法库（二）》，甘肃人民出版社，1995 年版，第 1—9 页。

[2] 张总：《北朝至隋山东佛教艺术查研新得》，收入巫鸿主编《汉唐之间的宗教艺术与考古》，文物出版社，2000 年版，第 62 页。

[3] 敦煌研究院：《敦煌书法库（二）》，甘肃人民出版社，1995 年版，第 103 页。

《十诵比丘戒本》是敦煌藏经洞出土的最早写经，这一写本正面为《十诵律卷七》，题记有"比（丘）德佑书"，背面为《十诵比丘戒本》，题记云：

> 建初元年岁在乙巳十二月五日戌时、比丘德佑于敦煌城南受具戒。/ 和尚僧法性、戒师宝慧、教师慧颖。时同戒场者、道辅、慧御等十二 / 人。到夏安居、写到戒讽之趣、成具（拙）字而已。手拙用愧、见者但念 / 其义、莫笑其字也、故记之。
>
> 戒三诵者、从四事至国王大臣、为一诵。从王臣至九十事饮水戒、为二诵。其余以下 /（为）至七佛偈、为三诵。戒五遍者、四事一、十三事二、卅事九十事三、四波利 / 提舍尼第四、众学法（第）乃至（七）释迦文佛说偈、是第五遍也[①]。

题记署名为比（丘）德佑，为僧尼写经，并且在题记中记叙了对自己书写不满的自谦之辞，僧尼对书法的优劣是十分关注的。山东地区的刻经主持者是僧安道壹，其身份也是来自寺院的僧人，由此可以看出，山东地区的刻经必有大量善书的僧尼参与其中。不然，在刻经中绝不会出现着意强调的笔画，这种现象竟然与 170 多年前的僧尼写经会如此相似。除此之外，在刻经中还能发现与早期写经的相似特点，山东地区的北朝摩崖刻经书法与当时世俗所使用的隶书、楷书有着根本的区别。

受书写环境及书写用具的制约，为表现佛教精神，山东地区的刻经书法更多的是表现自身的独特价值。它以隶书为基本框架，平画宽结，并掺杂了楷书、篆书的用笔，在线条、结构空间的处理上以极力表现佛教精神为旨归。

---

① 毛秋瑾：《从敦煌吐鲁番写本看僧尼与佛教写经及书法》，《民族艺术》，2010 年 1 期，第 53 页。

一、"点"画及短横的大量运用，如：

泰山经石峪

铁山刻经

葛山刻经

峄山刻经

尖山刻经

这些"点"画及短横的大量运用节省了空间，形成疏密、透气、灵动的效果。

二、转折处以圆转为主，如：

泰山经石峪

葛山刻经

峄山刻经

尖山刻经

铁山刻经

三、同类线的平行感特征，如：

泰山经石峪

葛山刻经

峄山刻经

尖山刻经

铁山刻经

四、对比强烈、虚实相生，如：

泰山经石峪

铁山刻经

葛山刻经

峄山刻经

尖山刻经

文假狄

刻经所具有的震撼力是其他书法形式不可比拟的。平和、含蓄、静穆是刻经书法的典型特点。另外，同一个字在同一篇刻经书法当中也有多种写法，极个别的写法较为粗率，刻经书法审美风格的价值远远大于其书法本身的价值，以至于被称为"否定书法的书法，超越书法的书法"[①]。

总之，北朝的摩崖刻经书法在分段落的形式上不仅受到了写经的影响，而且在书法上同样受到了僧尼写经的影响，这是由其社会身份及寺院生活环境[②]所决定的。从刻经书法自身来讲，不管书写者采取何种书体进行书写，其书体的某些特点都或多或少地受到当时及自身书写习惯的影响。

（二）典型隶书类型

典型隶书类型的代表有：中皇山《思益梵天所问经》的前120行[③]，南响堂山的《大方广佛华严经》卷五、六，《妙法莲华经·观世音普门品》[④]第二十五，北响堂山的《佛说维摩诘经》，小南海石窟刻经的《方法师镂石板经记》《华严经偈赞》和《大般涅槃经·圣行品》。

刻经中的典型隶书类型是与其他的刻经隶书类型相比较而言的，

---

① 熊秉明：《中国书法理论体系》，天津教育出版社，2002年版，第207页。

② 北朝时期寺院的地位较高，有一定的经济实力，较其他社会群体有一定的独立性。关于佛教与社会的情况，可参见刘淑芬：《中古的佛教与社会》，上海古籍出版社，2008年版。

③ 残存的第1行到120行为隶书体，与南响堂石窟的《华严经》和北响堂石窟唐邕书写的4部经字体颇似，有的字写法完全相同（字径2.5厘米左右）。马忠理等：《涉县中皇山北齐佛教摩崖刻经调查》，《文物》，1995年5期。

④ 此刻经与西晋武帝咸宁四年（278）《临辟雍碑》上的碑额隶书极为接近。

不同于汉代的典型隶书①，刻经中的隶书书写水平是无法与汉代隶书相媲美的。刻经典型隶书中的《思益梵天所问经》的前120行，字体的排列纵横有序，隶法较为规整，书刻具有一定的程式化，波磔明显，体势如楷式，无舒展之势，无汉隶的气势。假如撇开波磔不论，则书体完全为楷书了，在笔画的转折处，提按较为明显，钩画与楷书无异。南响堂山《大方广佛华严经》的隶书较中皇山的隶书字径较小，刻画整齐，笔画的粗细均匀，结构匀称紧凑，有漏刻笔画的现象，有大量的简体字出现，中间夹杂了大量的楷书字体，体势亦如楷式，而有些字的笔画较为舒展，其内在的审美风格也存有变化，波磔瘦劲，有别于洞外的《滏山石窟之碑》上的隶书。《妙法莲华经·观世音普门品》的隶书，隶法谨严，然在笔画的转折处提按较为丰富，体势较紧凑。总的来讲，书写者是善为隶书之体的。北响堂山《佛说维摩诘经》的隶书与《唐邕刻经碑》（572）最大的差别是楷书的成分少，在体势上较为舒展，有些字的笔画一刀刻成，省略了中间的部分，这或许是刻手所为。部分点的笔画用"小圆点"进行代替，从其表现的形态而论，比中皇山的刻经隶书艺术性更丰富。小南海石窟刻经的《方法师镂石板经记》《华严经偈赞》和《大般涅槃经·圣行品》在整体风格上是一致的，其笔画软弱无厚重之气，结体紧凑，重心不稳，其笔画形态亦有楷法的杂入，近似于墓志上的隶书，书写水平不高。

刻经中的典型隶书类型与当时世俗所使用的隶书一样，比如北齐武平元年（570）所刻的《陇东王感孝颂碑》（图2-4）与北响堂山的刻经体式极为接近，《陇东王感孝颂碑》的隶书中间横画有弧度，波磔的写法为典型的八分书，起笔的转折处以方折为主，点画厚实遒劲，结体更加舒展。

---

① 赖非：《书法类型学的初步实践》，深圳金屋出版公司，2003年版，第30页。

汉代的典型隶书（即八分书）成熟后，沿着自身的书体特征向前发展，每发展一步，都会受到自身演变规律及外部环境的影响，发生变化或变异。一部分八分书在发展的同时与其他书体（主要是楷书、行书，篆书）相糅和，出现了多种书体特征相掺的现象。还有一部分八分书在发展的同时，极力保持了用笔、体势的完美性。实际上，这种完美性是不存在的，不管后来的书写者怎样去完善隶法，其用笔、体势、书风都发生了潜在的变化。赵立伟先生在《魏三体石经·古文辑证》一书中，对《熹平石经》与 65 年后的三体石经进行研究时也讲到：

图2-4　《陇东王感孝颂碑》局部

　　熹平石经刻写于东汉熹平四年（175），地点在当时洛阳城南开阳门外御道东（今河南偃师佃庄乡太学村）。石经以当时的通行字体隶书写成，字体工整、书法精美。65年后，三体石经始立，且地点同在太学讲堂前。从理论上说三体石经隶书在刻写时应该是参照过汉石经的。但个别字在构形上存在着差异。表现为：繁简的不同、构字偏旁及用笔的不同。书体都是标准的八分书，三体石经隶书呈现出趋繁与就简、保守与变异并存的构形特点，这些特点是与当时隶书字形的演变趋势遥相呼应的。①

---

①　赵立伟：《魏三体石经·古文辑证》，社会科学文献出版社，2007年版，第195—198页。

东晋时期的《豫章内史谢鲲墓志》，刻于东晋太宁元年（323），出土于南京石子岗。此墓志隶书的横画沿袭了西晋洛阳铭石书的特点，在用笔上略作简化而成，其书写特征为起笔外形与收笔的波磔成对称形态。隶书发展到十六国时期，结体已经没有西晋隶书那种精严整饬的体式，比如刻于前秦建元三年（367）的《邓太尉祠碑》（现藏西安碑林）以及后赵时期的《元氏县界封刻石》，虽然此碑隶式粗犷，但是隶书的波挑特征依然分明。典型隶书发展到南北朝时，其用笔已由简到繁，笔力由厚到薄，结体由宽博到方正，书风由古朴到华媚[①]。

隶书的兴盛，是北朝后期特有的书法现象，对其产生原因的追述，亦有较大的分歧[②]。首先，北朝后期出现了大量的隶书碑刻墓志，以河北的磁县、河南的安阳出土为最多，受到佛教刻经书体的影响，与刻经中的典型隶书在用笔及体势上亦接近。其次，三体石经的存在，影响了北朝时期隶书的取法[③]。东魏迁都邺城，石经随后迁至此地[④]。

十六国、北朝前期的隶书可以看作是对汉晋隶书的延续，其显著特征波挑分明，还保留着魏晋时期的"折刀头"，结体整体趋于平整。但是不管北朝时期的隶书如何兴盛，都改变不了隶书衰败的现状，此时的楷书已被世俗所接纳，并在日常生活中应用起来。隶

---

① 赖非：《魏晋南北朝的书法类型》，《书法类型学的初步实践》，深圳金屋出版公司，2003 年版，第 61—62 页。

② 华人德先生认为："其出现是和宗教有关，而绝非卖弄学问的一种习气。……与当时的文化崇古、复古无关。"见华人德：《论北朝碑刻中的篆隶真书杂糅现象》，《中国书法》，1997 年 1 期。

③ 关于时人是否会取法于石经上的文字，有待进一步的考证。但从统治者对石经的重视程度而言，应该具备文字取法的楷模作用。

④ 东魏至隋，魏三体石经共进行了三次搬运，东魏武定四年（546）、北周宣帝大象元年（579）、隋文帝开皇六年（586）。赵立伟：《魏三体石经历代出土与变迁考》，《洛阳理工学院学报》（社会科学版），2008 年 1 期。刘涛考订石经由洛阳迁邺的时间大抵在东魏武定初年。刘涛：《中国书法史·魏晋南北朝卷》，江苏教育出版社，2007 年版，第 476 页。

书作为一种书体长期应用于碑刻，是由其书体的特性决定的，而且碑刻中的用字也并非单纯的书法现象。隋代的隶书又是对北朝后期隶书的继承，隋代的墓志隶书所呈现的特点依然是北朝后期的特点，表现为楷书笔法的大量掺入、丑怪软滑、结体重心不稳、笔力软滑。

（三）通俗隶书类型

通俗隶书类型：指无隶书的波挑，典型笔画朴实，写法简洁，以实用为主的隶书。以冈山、水牛山《文殊般若经碑》碑额"文殊般若"为代表。现对冈山刻经书法的某些笔画特征及偏旁做一分析，如表2-2：

表2-2

笔画偏旁	冈山	水牛山	写法、特征
戈钩			受到了龙门造像记戈钩写法的影响，上重下轻，提按丰富，末笔的钩画意识浓厚
转折			转折有两种形式："闻、时、明"的转折处，横画与竖画断而重起，角度近于90度，另外一种犹如造像记转折的写法，森然戟立
横画			横画收笔处，下端如楷书的顿笔，上端有意向上挑起一撮尖波
捺画			捺笔作燕尾式的分叉，笔画形态怪异，内部的提按动作不强，只是在末尾有意识地拖出类似三角形的笔画

续表

笔画偏旁	冈山	水牛山	写法、特征
点			圆点的大量使用，这一点与山东地区的典型刻经风格有相似之处。造成透气、灵动、宽阔的效果。从刻制上讲，也易刻
辶			"辶"在极力地模仿楷书的写法，笔画的末端如捺笔，作燕尾式的分叉

通过上表的分析，我们发现书写者是在强为隶书之体。书写稚拙，隶法缺乏，并且受到世俗写法的影响较大，掺杂了大量的魏碑用笔，奇形怪状，任意为体，错字、别字亦多。若从同时代来看，其书写水平是低下的。另外，从刻经字体本身来看，显然是用特殊的书写方式来完成的，比如使用扫帚一类的书写工具。在这些刻经字体中我们会看到双钩后未刻的笔画，工匠用利器凿刻双钩后并没有剔除内部空间多余的部分，因为对于花岗岩一类的石质来讲，这是一件极为费力的事情。

汉代的典型隶书在发展的同时，作为实用性的通俗隶书也在发展，其用笔和结体的多变性，使得它与八分书的发展分道扬镳。实用性的通俗隶书受楷书化的影响最大，表现出隶书结构及用笔与楷书的混同。刻经当中的通俗隶书不仅受到了汉字楷化的影响，还受到了十六国北魏时期不规则、草率一路隶书的影响，导致其文字面貌的个性特点。

北朝刻经书法整体而言，通俗隶书类型的数量极少，这种草率的书写、狂悍的风格、粗野的习气与刻经法所彰显的时代精神背道而驰，终不能对后世产生较大的影响。

（四）楷书类型

北朝晚期的刻经楷书类型以中皇山刻经中的楷书为主，尤以《思益梵天所问经》[①]的楷式最为典型，笔画丰腴，结体宽绰，呈"横斜"之势，与写经书法颇为相似。此类刻经楷书还继承了北魏后期皇家楷书墓志的书风影响，表现为笔法讲究，结体谨严。刻经楷书在体势方面已与南方成熟的楷书无异，但在用笔的熟练程度上较之智永的真书，较为稚拙，隶书的用笔还有少量的保存，线条内部的提按幅度、钩画意识还不强烈[②]。如表 2-3：

表 2-3

中皇山《思益梵天所问经》	法若生无灭菩言石如道连遇是足又来眾匕有行間不
智永《真草千字文》	法右若石晋正如主道閒之是有罪
南朝《佛说生经》	无道何 雨来門正是見

北朝后期北方的写经书法有别于南朝的写经书法，北朝写经书法受北方文化环境的影响，其内在发展的稳定性较强，保留着古法，北朝前期的写经书法具有典型魏碑体的特点，到了后期在整体上已

①　中皇山《思益梵天所问经》，现残存经文 348 行，满行 120 字。残存第 1 行至 120 行为隶书体，从 121 行到第 308 行，改为楷隶兼备的魏体字，有的字为楷书，有的带隶意，有的甚至带行书连笔的写法。马忠理等：《涉县中皇山北齐佛教摩崖刻经调查》，《文物》，1995 年 5 期。
②　笔者通过实地考察发现：刻经中的楷书的笔性同南朝《佛说生经》如出一脉，说成是写经体的放大体是不为过的。六部佛经楷书当中，也存在着细微的差别。

比较接近新潮的南式楷法①，但仍保留有隶体的风格②。其书写时代在隋唐以前者，多存北朝风格，如：《老子想尔注》长卷，结体平扁，波磔广阔，近八分而稍异于今楷③。二王在东晋及刘宋时期即已得到士族文人书家们的仰慕与效法。其在南朝王家的后人们中，更被作为师法的对象④。此时南方的写经书法也受到了二王新书风的影响，楷法也更趋向于成熟。如：编号 S.081《大般涅槃经》，此卷前部已残，卷末有题记：

> 天监五年（506）七月二十五日，佛弟子谯良颙奉亡父于荆州竹林寺敬造《大般涅槃经》一部……

通篇的写法已体现出严谨的楷书风格。陈寅恪先生疑此卷及其他写于齐梁时的诸卷，乃梁元帝承圣三年（554）江陵陷没时北朝将士虏获之战利品，后复随凯旋之军北归⑤。

此外，还有天监十八年（519）写的《出家人受菩萨戒法卷第一》（现藏法国巴黎，编号 P.2196），天监十一年（512）江州刺史、建安王萧伟所造的《摩诃般若波罗蜜经第十四》⑥。在南朝无论是佛教的僧尼写经还是机构的官方写经，其楷书技法都趋于娴熟，结体严整。

---

① 沈乐平：《敦煌书法综论》，浙江古籍出版社，2009 年版，第 33—41 页。

② 藤枝晃著、白文译、李爱民校：《中国北朝写本的三个分期》，《敦煌研究》1990 年 2 期。

③ 饶宗颐：《敦煌写卷之书法》，饶宗颐主编：《饶宗颐二十世纪学术文集》，新文丰出版股份有限公司，2003 年版。

④ 徐利明：《二王的影响与东晋南朝书法的演变》，《书法艺术》，1997 年 1 期。

⑤ 陈寅恪：《敦煌石室写经题记汇编序》，"中央研究院"《历史语言研究所集刊》，第 8 本第 1 分，1939 年，第 18 页。

⑥ 毛秋瑾：《官方与佛教写经——以敦煌吐鲁番写本为中心》，黄惇主编：《艺术学研究》（第 1 卷），南京大学出版社，2007 年版，第 239 页。

虽然南北的写经书法呈现出一定的差别，但大都保留了早期写经书法的某些特点①。

中皇山《思益梵天所问经》刻经的时间为天保末年②，而与中皇山刻经楷书较为接近的南朝写经《佛说生经》③却书写于陈太建八年（576），有题记为证：

> 陈太建八年（576）岁次丙申，白马寺禅房沙门慧湛，敬造经藏。普被含生，同佛性者开甘露门，示解脱道，愿乘此善，乃至菩提，裂生死网，破无明障，智慧神力，次第开发，入法流水，成等正觉。回奉十方六道，为无所得故。

而此时的中皇山刻经已经完成。换言之，在北齐天保末年以前，具有南朝二王书风的写经书法即已传到了北齐境内，而对其传播路线尚无考证，在南北对峙的局面下，佛教的传播与经卷的流通并没有中断。正如陈寅恪先生所云：

> 南朝所写诸经既可因通常南北交通之会，流入北地，又经后

---

① 王振芬：《从西晋元康六年〈诸佛要集经〉写本探究经体之源》，《书法丛刊》，2006 年 6 期。

② 马忠理认为是北齐天保末年。马忠理：《邯郸北朝摩崖佛经时代考》，焦德森等主编：《北朝摩崖刻经研究（三）》，内蒙古人民出版社，2006 年版，第 38 页。刘涛认为是北齐天统末至武平末，刘涛：《中国书法史·魏晋南北朝卷》，江苏教育出版社，2007 年版，第 461 页。赖非认为是北齐天统末至武平六年。刘正成主编、赖非编著：《中国书法全集·北朝摩崖刻经卷》，荣宝斋出版社，2000 年版，第 316 页。本文从马忠理说。

③ 本卷藏巴黎，编号 P.2965，卷首残，卷末有题记，此卷来自内地，在书法上对早期的晋写本那种朴拙的特点有所继承，但更多地吸收了南方成熟的楷书。敦煌研究院：《敦煌书法库（二）》，甘肃人民出版社，1995 年版，第 174 页。此外，北 004 号（阳 49）《大方广佛华严经菩萨明难品第六、净行品第七》与中皇山的刻经如出一辙。黄永武主编：《敦煌宝藏》56 分册，新文丰出版股份有限公司，1983 年版，第 23—31 页。

梁属境转至西北，亦非难事。

又言：

> 南北朝政治虽为分隔对立，而文化则互相交流影响，佛教经典之由私人往来携取由南入北者，事所常有，其例颇多，不劳举证。[①]

在南北朝分治的情况下，通过商旅通道，取经僧侣亦可往返于南北之间。在新疆鄯善吐峪沟发现的北凉承平七年（449）的《持世经》题记残卷，题为"凉王大且渠安周所供养经"，落款署名"吴客丹扬郡张休祖写"[②]。此题记可视为刘宋书风北传之实证，且南朝流入高昌的写经很有可能成为北方僧人或其他写经者的范本[③]。

僧尼的写经书法[④]不同于一般的文人世家、官僚阶层的书法，僧尼书法因人而异，书写面貌也不尽相同[⑤]。僧尼写经往往用正书来书写，以显示虔敬之心，所写字体有很浓的隶书意味，处于隶楷之间，风格较为稚拙[⑥]。

[①] 陈寅恪：《敦煌石室写经题记汇编序》，"中央研究院"《历史语言研究所集刊》，第8本第1分。1939年，第16—17页。又见《金明馆丛稿二编》，生活·读书·新知三联书店，2009年版，第227—233页。

[②] 甘中流：《从南北关系看南北朝时期的书法交流》，《书法研究》，1997年2期。

[③] 王元军：《六朝书法与文化》，上海书画出版社，2002年版，第326页。

[④] "依据写经者身份及功用的不同，写经又可分为：官方佛教写经、宗教写经、僧尼写经、信众写经、写经生写经等类型，写经书法水平参差不齐，既有书艺高超的经典之作，也有出于普通百姓之手的日常书写。"毛秋瑾：《敦煌写经书法研究》，香港中文大学博士论文，2005年。

[⑤] 毛秋瑾：《从敦煌吐鲁番写本看僧尼与佛教写经及书法》，《民族艺术》，2010年1期，第56—57页。

[⑥] 毛秋瑾：《从敦煌吐鲁番写本看僧尼与佛教写经及书法》，《民族艺术》，2010年1期，第54页。

　　不能把北周灭北齐作为南朝书风传入北齐的绝对分界线,其实在西魏恭帝三年［北齐天保七年(556)］,王褒书已经在北周境内流行起来,可以北周世人效慕王褒书法的景况和北周经卷《涅槃经第九》为例[①]。而此时的中皇山刻经也已经开始,即说明具有南朝二王书风的写经已传到了北齐,再加上中皇山的刻经经主为北齐文宣帝高洋[②],其刻经书体的选择必先经统治者的认可,方可刊造。刻经必先书丹后刻,对于僧院中的善书僧人来讲,当是分内之责。

　　综上所述,中皇山的刻经楷书与二王书风及南朝的写经书法结合得最为密切。王褒入北周,把南方的二王新式楷法带入了北周境内,世人皆学王褒书,波及北周境内,有史为证。而此时在北齐境内,由于佛教的传播,在北齐刻经中也出现了具有二王书风的写经楷书,但这种现象是局部的。北齐境内大规模出现二王新式楷法要晚到北周灭北齐之时。

二、墓志隶书的书写特征

　　北朝墓志隶书是隶书发展的式微阶段,此时期流行的是斜画紧结的魏碑书法形态,大众化通俗用字的不规范,加剧了通俗用字的发展,而这种书写又具有强大的社会基础。北朝墓志隶书出现了篆隶杂糅的现象,在书写形态上,对汉代隶书样式刻意摹仿,凿刻时进行改造和其中包含的楷化因素,使得北朝墓志隶书形成了独特的样式。它既具有北方广大地区蜕化铭石书的书写特点,在结构形态上又趋向于方正。北朝墓志隶书结体于八分,合于篆楷笔意,奇态异变,以"楷隶篆通变"的特点,被赋予了独特的文字魅力。

---

① 刘涛:《中国书法史·魏晋南北朝卷》,江苏教育出版社,2007年,第485—486页。
② 刘元堂:《中皇山北齐佛教刻经书法研究》,南京艺术学院硕士论文,2008年6月。

（一）北朝墓志隶书非古隶

北朝墓志隶书中，出现了较多的篆隶杂糅书体，而这种字体的面貌与早期的古隶颇为接近，很容易把其作为古隶来看待。事实上，并非如此，古隶只是一个时间上的相对概念，我们通常讲的古隶是指狭义的古隶[①]，强调文字形态，文字构成上保留少数篆体成分或有一定的篆意，结体基调方正或狭阔不一，点划形式基本没有波磔。隶变早期的古隶有着显著的末笔现象[②]，如弧折现象[③]、长垂现象[④]、挑笔现象[⑤]。而这些末笔现象正是由于早期的隶书（古隶）脱胎于篆

[①] 广义的古隶，强调文字体系：自秦文隶变至汉武帝前期的实用性隶字，或称之为通俗隶书。在宏观研究古隶的流变现象中所说的古隶，是指广义的古隶；在具体研究古隶与今隶的区别，诸如文字构成以及隶势、字形结构以及笔画差异等问题中所说的古隶，是指狭义的古隶。

在广义古隶的基础上，汉字向各个不同的方向演变，经过漫长的、复杂的、交错的过程，汉隶、楷、行、章草、今草等，都在广义古隶的流变中逐渐形成。所以，隶书的流变，实际上是广义古隶的流变。

[②] 隶变早期的古隶中出现了特征明显、粗细加重、长度加长、笔势延伸、字势扩展的笔画现象，称之为"末笔现象"。末笔，按字面本意理解为最后一笔画，因为这类笔画现象萌芽于最后一笔，虽有不属于最后一笔的笔画，但这种现象可统称为"末笔现象"。末笔是在实用的基础上，在笔画位置、走势引导的条件下，因"赴急使用"或具实用价值，书写连带、出锋、快写而形成的一种笔画现象。

[③] 弧折指现在笔画中的"横折钩""竖横折钩""竖勾""竖"等部分，如"马""高""子""阿"等字中如上述笔画。因在早期篆书金文与秦汉简牍帛书中这类笔画书写圆转，故称之为"弧折"。一些古隶简牍如甘肃天水放马滩秦简（前239）中弧折现象已经出现，表现在笔画的使转、趋圆、拉伸书写，使书写文字字形整体趋于圆。它的基本特点是弧折笔画处于书写文字的右边或下边。西汉文帝时期的湖北江陵县凤凰山汉简与安徽省阜阳县双古滩汉墓简牍中的弧折已经形成一种书写方式或运用手段，形态特征更加明显，尚用与美饰意味更加浓厚。这些简牍文字还是属于古隶。

[④] 即是早期的小篆垂脚、后期的简牍长竖，取纵式、笔画长、着墨重，称之为"长垂"。对这种末笔现象的研究与对末笔现象中挑笔的研究，参见侯学书：《汉隶书的成熟形态》，《书法研究》，2005年5期，第51—70页。

[⑤] 最明显的"挑笔"是章草的波磔与汉隶八分的"蚕头燕尾""一波三折"。这里的"挑笔现象"包括它们的早期形态——具有波磔意味与体式的笔画。

文，或多或少地残留了一些篆书的结构。古隶这种书体还不是成熟的隶字，有些字虽然已经有了跟汉隶相同或类似的写法，但仍在使用接近正规篆文的写法。

西汉初期的隶书我们划为早期隶书，西汉晚期至东汉初期的隶书我们划为发展期隶书，东汉中晚期的隶书则划为成熟期隶书。以西汉早期隶书材料论，马王堆汉墓帛书具有重要的研究价值[①]。裘锡圭在《从马王堆一号汉墓"遣册"谈关于古隶的一些问题》[②]一文中对古隶的某些特点做了初步的探讨，主要是针对早期的隶书与成熟的八分书，其在形体上还比较混乱，没有一定的规矩存在。因古隶是对篆书的草写，古隶的书写形态是结体脱离"象形意味"；字式外放，字势趋扁；线条出现粗细变化，笔画基本方折化、平直化；波磔挑笔的出现与应用[③]。

此外，北朝的墓志隶书在书法的面貌上，还保留了一些古隶书写的特点：

---

① 王贵元：《马王堆帛书汉字构形系统研究》，广西教育出版社，1999年版，第8页。

② 裘锡圭：《从马王堆一号汉墓"遣册"谈关于古隶的一些问题》，《考古》，1974年1期，第46页。（1）隶书的结体显得很不方整；（2）字形有相当一部分跟篆文还很接近；（3）一方面存在着很多接近篆文的写法，另一方面又已经出现了不少草书式的写法；（4）文字形体很不统一，同一个字或偏旁往往有不同的写法。另见吴白匋：《从出土秦简帛书看秦汉早期隶书》，见《文物》，1978年2期，第48页。篆书隶变的一些方法：（1）变圆为方；（2）变曲线为直线；（3）改断为连；（4）改连为断；（5）短笔改点；（6）省减偏旁笔划；（7）省减部分结构；（8）减到以一种符号代表几种形体繁而约略近似的篆文；（9）由于书写时用笔有轻重，因而减省笔画；（10）有时为了书写便利，也会增加笔画；（11）用假借字。

③ 从四川青川秦墓木牍（前309）、甘肃天水放马滩秦墓简牍（前239）、湖北省云梦睡虎地秦简《语书简》（前227）与睡虎地四号秦墓木牍（秦统一前期）等简牍文字可以看出。

（1）残留了一些篆书的写法^①。

侯海墓志

刘悦墓志

石信墓志

是连公妻邢阿光墓志

叔孙固墓志

薛广墓志

元韶及妻侯氏合葬志

宗欣墓志

（2）圆转的笔画。秦代实用文字秦小篆和秦隶，二者的结体和笔画都是以方折为主。

---

① "在战国后期，也只有在秦国的这种形式下和原已相当规范化了的小篆的基础上，才出现了像青川木牍和睡虎地秦简这样的隶书。这种隶书正好是'隶之初变乎篆也，尚近乎篆'，隶化的程度还不够，保留的篆意比较多，有学者称之为'古隶书'，是很恰当的。所谓篆意，即小篆的笔法和字形结构。"徐无闻：《徐无闻论文集》，文物出版社，2003年版，第220—222页。

暴诞墓志

窦泰墓志

封子绘墓志

高百年妃斛律氏墓志

赫连子悦妻闾炫墓志

侯海墓志

李君妻崔宣华墓志

刘悦墓志

石信墓志

是连公妻邢阿光墓志

叔孙固墓志

司马遵业墓志

徐彻墓志

薛广墓志

元惊墓志

元韶及妻侯氏合葬志

元显墓志

宗欣墓志

　　古隶的发展、演变是一个发展急剧的动态过程。古隶是对篆书的变革，把曲线变为直线，在笔顺的书写上，淘汰逆笔，保留顺笔，从而实现了图案化点画向书写性点画发展转化的过程。书写越顺应生理习惯，文字也就越符号化、固定化。

　　早期隶书的特点也是多种形态的并举。我们现在整理出来的一些古隶的特点，只是我们研究中的一般规律。在研究北朝墓志隶书时，不能拿古隶的一般性特征去生搬硬套，而要结合当时的文化背景。北朝墓志隶书中出现的篆隶杂糅的现象，是书家自觉仿古化的一种审美趋势，而不是文字自身发展的需要，主要是受当时文化复古之风的影响。

（二）对八分书波磔笔画的刻意追求

隶书在历史沿革过程中有"佐书""隶字""隶文""隶体""隶草""古隶"等称谓。又有以朝代冠名的秦隶、汉隶、魏隶、晋隶、唐隶、清隶等。现在常用的是隶书、八分书和古隶。隶书是总称，古隶是无波势或少波势的早期不成熟的隶书，八分书指有波势和法度规范的成熟隶书，其他名称则不常用[①]。

虽然北朝的墓志隶书受汉字楷化的影响较重，但在实际的书写中却含有明显的八分书因素，即对波磔笔画的刻意追求。如：

暴诞墓志

窦泰墓志

窦泰妻娄黑女墓志

封子绘墓志

高湛墓志

高百年妃斛律氏墓志

---

① 张同印：《隶书名称的历史沿革辨析》，《书法研究》，2000 年 6 期，第 10 页。

高百年墓志

赫连子悦妻闾炫墓志

李君妻崔宣华墓志

刘忻墓志

刘悦墓志

石信墓志

是连公妻邢阿光墓志

叔孙固墓志

司马遵业墓志

吴迁墓志

徐彻墓志

薛广墓志

![薛广墓志]

元悰墓志

![元悰墓志]

元韶及妻侯氏合葬志

![元韶及妻侯氏合葬志]

元文墓志

![元文墓志]

元显墓志

![元显墓志]

元延明妃冯氏墓志

![元延明妃冯氏墓志]

北朝墓志在隶书的书写方面，只追求了波磔，而其他笔画的书写已经完全楷化，以至于有些研究者干脆将其划入正书。不过虽然存有波磔的横画，但波磔的用笔已非汉代隶书波磔的写法了。或者进一步讲，不管出于什么原因，北朝墓志波磔的书写水平偏下。

隶书既成，渐加波磔，以增华饰，则为八分[1]。［这个演变过程是在西汉昭、宣以前完成的。1973年在河北定县（今定州市）40号汉墓出土的大批宣帝时的简牍，是由规整的八分书书写的，标志着隶书在西汉中后期已成熟。］八分书有较强的修饰性，笔画讲究起讫波挑，不相萦带，多用于正规场合，以示庄重，如官方文书、书籍遣策、碑铭题记等。

曹魏时期，八分书被尊为"铭石书"，成为专用于碑碣的庄重书

---

① 胡小石：《书艺略论》，载《现代书法论文选》，上海书画出版社，1980年版，第32页。

体。斯风延续至唐不变，八分书成为教授、考课书学生的必备书体之一①。八分书在东汉已经达到成熟，自此以后，八分书的发展逐渐程式化，这一点从后世隶书铭石书中可窥一斑。北朝晚期的墓志隶书，其体势和用笔延续了曹魏时期的《三体石经》。此外，北朝时期的隶书（主要指地面上的碑刻）也有书写水平较高的。

北朝人作隶书必以汉代隶书为参照，极力追求汉代的隶法，这就具有了一种自觉仿古的倾向，表现为对八分波磔的极度张扬，隶书所具有的典型笔画也是评价隶书笔意的重要特征。在南北朝的碑志上可以看到一些仿八分的字，这类字与略带八分笔意的魏碑体是不同性质的②。

（三）北朝墓志隶书非完全隶变原因分析

在书法书体字体演变史上，隶变是一个重要的阶段。在文字学范围内的隶变是文字关于形、音、义三方面的演变③；而在书法范围内，隶变是指秦系篆书演变成汉隶八分，并伴随着其他书体演变的过程，即隶变是关于书体结构、字式与书写方式的演变④。丛文俊给隶变下的定义较为精当："所谓隶变，指周秦系统古文字发展的晚期阶段，其日常手写体发生了以简化书写方法、标准为特征，与传统仿形线

---

① 丛文俊：《关于高句丽好大王碑文字与书法之研究》，载丛文俊主编：《好大王碑暨十六国北朝刻石书法研究》，吉林文史出版社，2006 年版。

② 裘锡圭：《文字学概要》，商务印书馆，1988 年版。

③ 蒋维崧：《由隶变问题谈到汉字研究的途径和方法》中论述："汉字发展到了以定型的偏旁组合成字，以形声字为主的阶段，这时候合体字就可以完全靠偏旁的不同来互相区别，单体字则以形状笔画的不同来互相区别，汉字这才能完全脱离象形意味。隶变就是这样产生的。那些认为汉字形体的变化只是出于简化的要求，简化要求和表音要求似乎是各行其道，或者认为简化是为了表音，表音也是为了简化，混淆二者的作用，既缺乏具体分析的根据，也就不能是汉字历史发展的真实反映。"《山东大学学报》，1963 年 3 期。

④ 姜宝昌：《文字学教程》，山东教育出版社，1987 年版，第 796—797 页。

条的'篆引'带有根本性区别的转变，表现为书体式样的更替与进步，并与隶书体的产生和发展完全一致，故名。"① 而隶变真正的内因是字形组合结构发展为音义和会义组合后，构件形体成为音义的代表而不是物象的代表，所以才可以改变字形体式。②

陈淑梅《东汉碑隶构形系统研究》一书，把字体构件分成了两类：完全隶变构件和非完全隶变构件。其中，后者包括隶古定构件、半篆半隶构件和篆形构件，而本书主要对非完全隶变构件作一简要分析。

（1）隶古定构件："隶古定构件是指用方折的笔画，将篆形构件进行完全客观的转写过来的构件，即篆书的结构、隶书的笔画。"③

叔孙固墓志

元韶及妻侯氏合葬志

薛广墓志

徐彻墓志

刘悦墓志

① 丛文俊：《隶书研究》，吉林大学博士论文，1991 年，第 38 页。
② 王贵元：《马王堆帛书汉字构形系统研究》，广西教育出版社，1999 年版，自序部分。
③ 陈淑梅：《东汉碑隶构形系统研究》，上海教育出版社，2005 年版，第 71 页。

（2）半篆半隶构件①。

石信墓志

薛广墓志

元憬墓志

刘悦墓志

（3）篆形构件②：篆形构件是"小篆构件形体的遗留，指无论书写元素还是结构都出于篆书形态的构件"③。

宗欣墓志

是连公妻邢阿光墓志

---

① 可分为两类：第一类是"同一个字中，有的构件是篆，有的构件是隶"，此为全字层面的半篆半隶。第二类是"同一个构件中，一部分笔画或结构是篆，另一部分笔画是隶"，此为构件层面的半篆半隶。陈淑梅：《东汉碑隶构形系统研究》，上海教育出版社，2005年版，第72页。

② "返古形"，是指返回篆书及古文字阶段的字形式样。在六朝碑志中的"返古形"之字多不标准，往往会有变异，俚俗改作者极多，况且有些字只是局部返古形，非古非今，有的介于隶定篆文和描摹古形之间，不伦不类，都可视为别字。（162页）"返古形"而失古形，原因也是多方面的，一是当时人们对篆书较为生疏，书写讹误；二是受俚俗改作的影响而变异。陆明君：《魏晋南北朝碑别字研究》，文化艺术出版社，2009年版。

③ 陈淑梅：《东汉碑隶构形系统研究》，上海教育出版社，2005年版，第72页。

石信墓志

刘悦墓志

侯海墓志

上述三种构件形式，存在于大多数的北朝墓志隶书当中，这种非完全隶变构件的样式，为隶变下限时间的判定及隶变应包括楷变这一论点，提供了充分的依据，而北朝时期的石刻隶书笔画系统仍处于动态演变之中①。

其实，在帖学妍美生动的审美观之外，北碑中篆隶杂糅和别字所带来的字形乖谬也引起了清初学者的排斥，这是由文字规范所引起的另一种审美要求。篆隶杂糅是指在正体书中加入篆书或隶书的结构和笔画，清人有称为"杂体"者。"别字"则指因形近或音近而误写误读的字，或称为"别体"。前者的谬误主要在字体的书写上，后者则在字形及字义。两者均引起清初学者对北碑书法的反感，北碑书法受到他们的批评。如顾炎武《跋吊比干文》云：

> 此碑字多别构，如……别体之字，莫多于此碑；杂体之书，莫过于《李仲璇》。而后之君子旋觉其谬……顾此以二碑出于千世之远，而与孔壁之文、兰台之典同什袭而宝之，岂不可笑也哉？虽然，此碑不传，则唐人正字之功不得而著乎千载也，存之以示后人，使知趣舍云尔。②

---

① 段雪莲：《北朝石刻隶书研究》，华东师范大学硕士论文，2008年版，第83页。

② [清]顾炎武：《跋吊比干文》，见王昶《金石萃编》，中国书店出版社，1985年版，卷二十七之三。

与他同时的叶奕苞评价《北齐造像石记》："书法怪诞，几不成字，增损任意，在篆隶正书之外。"①

郭宗昌、朱彝尊二人亦有评说：

> 江式《书表》云：……文字改变，篆形错谬，隶体失真……正为此等书发耳。唐《景龙观钟铭》源出于此，少剂以驯雅便胜。②（郭宗昌跋《李仲璇修孔子庙碑》）

> 杂大小篆分隶于正书中……斯亦穿凿失伦矣。③（朱彝尊《魏李仲璇修孔子庙碑跋》）

> 杂用大小篆八分法，北朝碑多类此，书家嫌其乖劣。④（朱彝尊《北齐少林寺碑跋》）

王澍评曰：

> 碑中字多伪谬……盖当六朝荒乱之余，同文之治破灭已尽，此虽已稍归于正，而其宿气犹有存者。⑤（王澍跋《龙藏寺碑》）

北魏江式《论书表》云：

> 皇魏承百王之季，绍五运之绪，世易风移，文字改变，篆形

---

① ［清］叶奕苞：《北齐造像石记》，见王昶《金石萃编》，中国书店出版社，1985年版，卷二十八之六。

② ［清］王昶：《金石萃编》，中国书店出版社，1985年版，卷三十一之二。

③ ［清］王昶：《金石萃编》，中国书店出版社，1985年版，卷三十一之三。

④ ［清］朱彝尊：《金石文字跋尾》，见《石刻史料新编》，新文丰出版有限股份公司，1986年版，第1辑，第25册。

⑤ ［清］王昶：《金石萃编》，中国书店出版社，1985年版，卷三十八。

谬错，隶体失真。……乃日追来为归，巧言为辨，小兔为魏，神虫为蚕，如斯甚众。①

北齐颜之推《颜氏家训·杂艺》：

> 北朝丧乱之余，书迹鄙陋，加以专辄造字，猥拙甚于江南。乃以百念为忧，言反为变，不用为罢，追来为归，更生为苏，先人为老。如此非一，遍及经传。②

此外，魏晋南北朝时期仍然存在非完全隶变构件，究其原因，一是由于复杂的象物性、封闭性组合的构件不容易分解为隶书笔画，二是碑刻文字具有刻意仿古的特点。正如刘涛先生所讲：古人书刻碑志所采用的书体比寻常书写的尺牍要保守、正规一些。古人根据用途选择书体，即所谓"体有专用"，是约定俗成的习惯，并非单纯的书法问题。我们知道，郑重的碑刻，内容往往是记功颂德之类，即昭布于众，且寄托着传于后世的愿望。埋入圹穴中的墓志、买卖券，是为墓主亡灵和神祇而设。那么，采用古体字、正体字书刻碑志才具有"敬意"，才合乎"礼法"。总而言之，古代碑志采用古体字、正体字，是古代悠久的"礼制文化"规约书写行为的最明确的反映，并且由此发育了中国人的崇古观念和正字意识。时至今日，在正规场合采用的书体，仍然是正体字和古体字③。

在隶书字形演变的过程中，新的字形出现之后，旧的字形往往并

---

① 卢辅圣主编：《中国书画全集》，第 1 册，上海书画出版社，1992 年版，第 47 页。

② 引自王利器《颜氏家训集解》第 514 页，上海古籍出版社，1980 年版。《颜氏家训·书证》："吾昔初看《说文》，蚩薄世字，从正则惧人不识，随俗则意嫌其非，略是不得下笔也。"《颜氏家训集解》，第 463 页。

③ 刘涛：《中国书法史·魏晋南北朝卷》，江苏教育出版社，2007 年版。

没有立即退出历史舞台。不但早期隶书里有这种现象，而且在成熟的隶书里也常常可以看到这种现象。在少数东汉晚期碑刻上，还可以看到有意按照小篆字形来写隶书的复古现象[①]。一种书体包含另一种书体的成分，如隶书包含篆书成分，真书含有隶书甚至篆书成分等，这种现象历代皆有。

采用古形置于隶楷等今文字形体序列中，篆隶楷杂糅，这是一种极不协调的现象，为何当时人却多有此作风呢？有学者认为是源于道教"符箓"，[②] 石刻中的篆隶杂糅与北朝时期的复古之风并无关系，此种现象在北魏《寇治墓志》《寇偘墓志》中已经出现，而复古之风却要晚至西魏的宇文泰时期。

三、北碑的书体特征

（一）北碑之"源"

宋代书家蔡襄题隋丁道护《启法寺碑》云"此书兼后魏遗法"，[③] 已经看到了隋碑承继北魏碑刻的特点。至明末，陕西金石学家赵崡评《张猛龙碑》（图2-5）："正书虬健，已开欧虞之门户。"郭宗昌评《李仲璇修孔子庙碑》[④]（图2-6）："唐《景龙观钟铭》源出于此。"[⑤] 这已经把北碑作为唐碑的源头之一，此碑为王长孺书，署名碑侧，拓者多遗之，笔法似楷似隶。1738年，沈青崖跋《敬史君

---

① 裘锡圭：《文字学概要》，商务印书馆，1988年版，第78页。

② 华人德：《六朝书法》，上海书画出版社，2003年版，第101—113页。

③ ［清］刘熙载：《艺概》，《历代书法论文选》，上海书画出版社，1979年版，第697页。

④ 《李仲璇修孔子庙碑》在山东曲阜孔庙西仓汉魏碑刻陈列馆，东魏兴和三年（541）刻立。

⑤ ［明］郭宗昌：《金石史》卷一，《石刻史料新编》，新文丰出版有限股份公司，1986年版，第3辑，第39册。

图 2-5　《张猛龙碑》局部

图 2-6　《李仲璇修孔子庙碑》局部

碑》（图 2-7）云：“书则自晋趋唐，为欧、褚前驱。”[1] 一方面由于清初北碑出土较少，另一方面以欧、褚为代表的唐楷依然受到重视，成为馆阁书体的主要式样。

北碑字体是否与隶书有关联，清初学者也充满质疑。此前，欧阳修《跋东魏鲁孔子庙碑》所云：“后魏、北齐时，书多如此，笔画不甚佳，然亦不俗，而往往相类。疑其一时所尚，当自有法。”[2] 对其字法表示疑问。但是，欧阳修和蔡襄都看到了北碑中含有隶书

---

① [清]王昶：《金石萃编》，中国书店出版社，1985 年版，卷三十之八。

② [北宋]欧阳修：《金石录》，《四库全书》影印本。

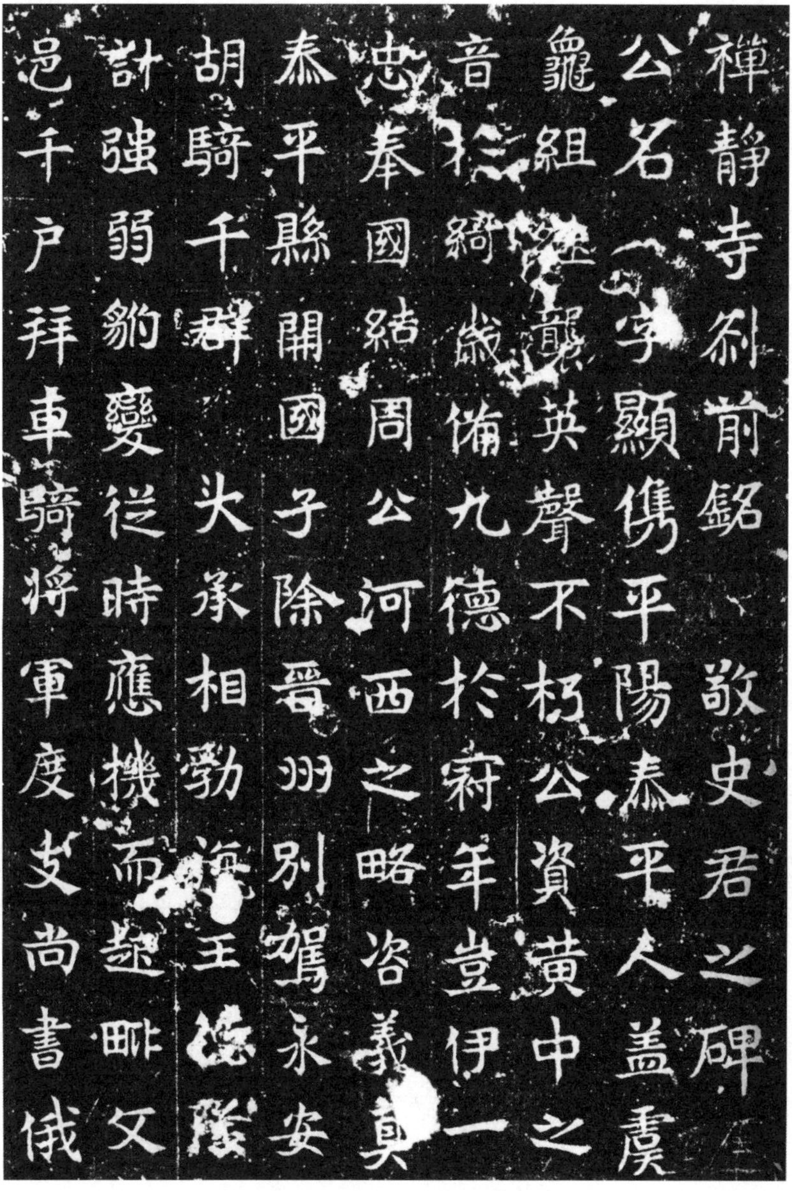

禪靜寺剎前銘

敬史君之碑蓋虞

公名□字顯儁平陽泰

音□英聲不朽公資黃中之

龜組綺䶜歲備九德於寍年豈伊一

忠奉國結周公河西之略咨義真

泰平縣開國子除晉羽別駕永安

胡騎千群头承相勁海王德隆隊

計強弱豹變從時應機而起毗文

邑千戶拜車騎將軍度支尚書俄

图2-7　《敬史君碑》局部

的体势和笔法，"元魏间尽习隶法"①。元代赵孟頫对元魏《定鼎碑》亦尝仿之，"谓得隶法可爱"②。蔡、赵之后，书家几乎不再将北碑中的隶法纳入研究的视野。1618 年，赵崡对篆隶杂糅的《李仲璇修孔子庙碑》发出"篆耶？分耶？今隶耶？"③的疑问。清初，情况大致如此，冯班认为："世传六朝、唐初碑上字，分隶相杂。疑当时正书如此，至唐中叶以后，始变如今法。后人纯学钟、王也。"④叶奕苞在《后魏贾思伯碑跋》中强调："此碑忽开楷隶⑤之渐，直似褚河南《三龛记》笔意，乃正书之始欤？"⑥民国的欧阳辅在《集古求真》中同样认为唐代褚遂良得力于此碑尤多，是碑屡被淹没，宋元人重起之。对于《吊比干文》，陈奕禧、杨宾都用"似隶似楷"来形容，陈奕禧更认为此碑"字体奇怪"⑦。青浦金石学家王昶延续了北碑中有隶法的这一论断，他在 1778 年跋《司马景和妻孟氏墓志铭》云"然字画古质可喜，往往有隶意"⑧，1805 年跋《合邑诸人造佛堪铭》亦云"书本含隶意"⑨。书家已经从文字形态上，对北碑蕴含的隶楷特点开始重新重视起来。

此外，乾嘉时代的书家更广泛地将北碑作为唐楷的源头，如：

---

① [北宋]蔡襄：《蔡襄忠惠集》，转引自清代王昶：《金石萃编》，中国书店出版社，1985 年版，卷二十六。

② [清]沈曾植：《文嘉论子昂书》，《明清书法论文选》，上海书店出版社，1994 年版，第 923 页。

③ [清]王昶：《金石萃编》，中国书店出版社，1985 年，卷三十一之二。

④ [清]冯班：《钝吟书要》，《历代书法论文选》，上海书画出版社，1979 年版，第 554 页。

⑤ "楷隶"是指由隶书过渡到楷书，尚未成熟，带有浓厚隶法的一种字体，如孙吴《谷朗碑》、东晋《王兴之墓志》、北魏《嵩高灵庙碑》，叶奕苞"忽开楷隶之渐"，未知是否指此意。

⑥ [清]叶奕苞：《金石录补》，转引自清代王昶：《金石萃编》，中国书店出版社，1985 年版，卷二十八之六。

⑦ 陈奕禧：《隐绿轩题识·临崔浩书》，《明清书法论文选》，上海书店出版社，1994 年版，第 493 页。

⑧ [清]王昶：《金石萃编》，中国书店出版社，1985 年版，卷二十八之二。

⑨ [清]王昶：《金石萃编》，中国书店出版社，1985 年版，卷三十四之一。

此碑书法方正，笔力透露，为颜真卿蓝本，魏齐刻石之字无能比其工者。[1]（毕沅评《晋太公吕望表》）

字体精整，锋颖犹新，为颜鲁公所祖，洵可珍也。[2]（毕沅评《高植墓志》[3]）（图2-8）

经文书格不一，有秀整者，有流动者，大致类初唐虞、褚。[4]（王昶评《风峪华严经石刻》）

图 2-8 《高植墓志》局部

---

① [清]王昶：《金石萃编》，中国书店出版社，1985年版，卷三十二之二。

② [清]王昶：《金石萃编》，中国书店出版社，1985年版，卷二十九之一。

③ 此墓志为北魏神龟四年（521）刻立，康乾年间山东景州城东十八里六屯村出土。上海图书馆藏有严可均藏拓本，系乾隆拓本。

④ [清]王昶：《金石萃编》，中国书店出版社，1985年版，卷三十三之六。

惟字画瘦劲，足为欧、褚先驱尔。^①（王昶《唐人书莲华经残字跋》）

魏《张猛龙碑》，去古未远，险劲瘦削，前人以为开欧阳法门，信然。碑在孔庙，未甚模糊，尚可临学。^②（于令淓跋《张猛龙碑》）

清初沈青崖将北碑作为"欧、褚"的源头，这种认识为后来学唐楷者向北碑上溯确立了依据。毕沅作为乾隆朝著名的金石考证著录学者，因其显赫的身份，其有关北碑的论断、品评，唐楷始于北碑之说，在当时产生了极其重要的影响。金石学者对北碑的介入，助推了研碑、访碑的热潮。

受乾嘉学术影响，书家重真求实的取法态度更加理性，他们更加看重唐碑中的法度和规矩，为学习唐碑推波助澜。梁巘云："学假晋字，不如学真唐碑。"^③于令淓也认为："与其学假晋书，宁于唐、宋真帖择其近古者学之，犹可得其规矩。准绳法度已得，却要纵横驰骤，不拘故常，如鲁男子之学柳下惠，乃不寄人篱下。"^④对唐碑的重视，以唐碑的视角来品评北碑，乾嘉时期，金石学家不仅看到了北朝碑刻的方严、遒劲的笔势，更认为此类碑刻可以与六朝碑刻相比肩。如：

记字画锋颖透露，可想见六朝笔势。^⑤（毕沅跋《王方略造须弥塔记》）

其志石殊无损剥，书迹廉悍劲折，饶有笔力，于南朝可敌王

---

① [清]王昶：《春融堂书论·唐人书莲华经残字跋》，《历代书法论文选续编》，上海书画出版社，1993 年版，第 706 页。

② [清]于令淓：《方石书话》，《明清书法论文选》，上海书店出版社，1994 年版，第 755 页。

③ [清]梁巘：《评书帖》，《历代书法论文选》，上海书画出版社，1979 年版，第 575 页。

④ [清]于令淓：《方石书话》，《明清书法论文选》，上海书店出版社，1994 年版，第 755 页。

⑤ [清]王昶：《金石萃编》，中国书店出版社，1985 年版，卷三十之四。

僧虔，自可称为佳书。①（冯敏昌跋《司马元兴墓志铭》）

　碑阴尚完好，书势尤方劲可喜。②（武亿跋《吴洛族造像铭》）

　　习唐楷的热潮直接导致了书家以唐碑为基点，向上溯其古法的寻根意识，他们开始注重北碑，而北碑中的古拙、雄健是唐碑所缺失的。这种审美意识的自我觉醒，无疑给北碑进入书家视野提供了难得的历史机遇。另外，在"文字狱"的逼迫下，当时有些书家尝试用生涩老辣的碑体书法去抗争笼罩当时的帖派书法。

　　清代康乾时期，康熙皇帝崇尚董其昌书风，乾隆皇帝崇尚赵孟頫书风，上有所好，下必甚焉。乾隆中期以后，帖学书家取法范围更加广泛。米芾、赵孟頫、董其昌等书家的书法均被纳入取法的范围中来，出现了清代帖学高潮。许多书家在学习宋元法帖经典的同时也兼取唐碑之法，此时书坛更崇尚"秀劲"一路的书风。一些较为隽美的北碑契合了当时的书法审美观，受到文人士大夫的欢迎，被纳入书家的取法范围，冠以"精整""秀劲""秀整"的美誉：

　　字体精整，锋颖犹新，为颜鲁公所祖，洵可珍也。③（阮元跋《高植墓志》）

　　碑字秀劲，为唐时虞、褚诸家所本。④（阮元跋《高湛墓志》⑤图 2-9）

---

① ［清］王昶：《金石萃编》，中国书店出版社，1985 年版，卷二十七之八。

② ［清］王昶：《金石萃编》，中国书店出版社，1985 年版，卷三十五之六。

③ ［清］王昶：《金石萃编》，中国书店出版社，1985 年版，卷二十九之一。

④ ［清］王昶：《金石萃编》，中国书店出版社，1985 年版，卷三十之五。

⑤ 东魏元象二年（539）葬，石原在山东德州，咸丰年间志石运往济南，清末归潍县陈氏，此后下落不明。上海图书馆藏有王祖锡藏道光拓本。

图 2-9　《高湛墓志》

　　每字界方格，笔法秀劲，文字完善……① （王昶跋《高湛墓志铭》）

　　颇秀劲……② （毕沅跋《道胜造像记》）

　　书复遒媚。③ （汪师韩跋《刁遵墓志》）

---

① [清]王昶：《金石萃编》，中国书店出版社，1985年版，卷三十之五。

② [清]王昶：《金石萃编》，中国书店出版社，1985年版，卷三十三之七。

③ [清]王昶：《金石萃编》，中国书店出版社，1985年版，卷二十八之四。

　　书迹尤超妙入神……当为传世魏碑第一。①（冯敏昌跋《司马昞墓志铭》）

　　此时，帖学之外，碑学也受到重视，北碑中的秀劲、流动的特点被书家所看重。书家对北碑采取了包容的态度。他们不仅看到了北碑之优长，还把对北碑的审美体验融入帖学之中，在审美的趋同感下，找到了碑帖之间的契合点。此时，北碑中的书体特点已不再局限于北碑中的隶意，而是从审美体验中去挖掘北碑的笔势和雄强的风格。这为后来北碑在晚清的继续发展埋下了伏笔。

（二）《张猛龙碑》的风格

　　《张猛龙碑》②进入书家视野已经到了晚清时期。清代沈曾植指出："光绪中叶，学者始重《张猛龙碑》，然学如牛毛，成无麟角。"③李瑞清也强调："自来言北碑者，莫不推崇《张猛龙》……学士大夫多喜之。"④很显然，《张猛龙碑》作为北朝碑刻的典型样式，已经备受士大夫的喜爱。《张猛龙碑》自清初以来，广受赞誉：

　　　　其书律以晋法，虽少蕴藉，而结体错综之妙，使以剂唐，足脱一代方整之累。欧、颜诸公便可入山阴之室矣。然此碑却落险峻，又未正晋果，何也？当曰"笔与欧、颜异也"。⑤（郭宗昌《后

---

① ［清］王昶：《金石萃编》，中国书店出版社，1985年版，卷二十九之一至二。

② 此碑全称《魏鲁郡太守张府君清颂之碑》，刻于北魏孝明帝正光三年（522），现存山东曲阜汉魏碑刻陈列馆。

③ ［清］沈曾植：《海日楼书论》，《明清书法论文选》，上海书画出版社，1994年版，第920页。

④ ［清］李瑞清：《清道人论书嘉言录》，《明清书法论文选》，上海书店出版社，1994年版，第1066页。

⑤ ［明］郭宗昌：《金石史》卷一，《石刻史料新编》，新文丰出版有限股份公司，1986年版，第3辑，第39册。

魏鲁郡太守张府君颂跋》)

汉魏碑多隶书，此独楷书，而笔法古劲，酷似钟太傅，非后代可及，姓名不可考矣。书法高古中复有秀逸之致，为后来楷字之祖。碑虽模糊，细玩神理，犹可因画沙而知锥之锐也。[①]（魏儒鱼《跋张猛龙碑》)

笔意近王僧虔，而坚挺耸拔则过之。六朝正书碑版可得而见者，当以此碑为第一。《崔敬邕》不及也。[②]（杨宾《跋张猛龙碑》)

非此无以开示来学，用笔必知源流所出。如安平新出《崔敬邕碑》，与此相似。吾观赵吴兴能遍学群籍而不厌者，董华亭虽心知而力不副，且专以求媚。谁为号呼悲叹，使斯道嗣续不绝，古人一条真血路，及是不开，他日榛芜，尽归湮灭，典型沦坠，精灵杳然，后生聋聩，鬼能不再为夜台耶？[③]（陈奕禧跋《张猛龙碑》)

郭宗昌既看到了《张猛龙碑》"结体错综之妙"，同时又认为此碑"却落险峻，又未正晋果"。实因魏碑用笔与欧阳询、颜真卿不同。魏儒鱼和杨宾认为《张猛龙碑》用笔"酷似钟太傅""近王僧虔"。在他们看来，《张猛龙碑》隐含了晋人的用笔之法。

但专门取法此碑者并不多，如沈曾植认为："以包、吴二君之精诣，能摩《刁惠公》《郑文公》之垒，于此《颂》未敢措手也。"[④]这当是道咸时期的情况，而赵之谦在同治初期已学习此碑。上海图书馆

① ［清］李光暎：《金石文考略》卷五，转引自薛龙春：《明末清初碑刻研究中的书学观念》，《南京艺术学院学报》，2006 年 01 期。
② ［清］杨宾：《大瓢偶笔》，《历代书法论文选续编》，上海书画出版社，1993 年版，第 461 页。
③ ［清］陈奕禧：《隐绿轩题识·临张猛龙碑》，《明清书法论文选》，上海书店出版社，1994 年版，第 501 页。
④ ［清］沈曾植：《海日楼书论》，《明清书法论文选》，上海书画出版社，1994 年版，第 927 页。

藏有《张猛龙碑》康雍拓本，为阮元旧藏，此拓后经英和、何绍基、何绍业、李国松等人递藏。据何绍业题跋可知，翁方纲早年书学《张猛龙碑》，而上海图书馆所藏的《常丑奴墓志》有乾隆四十九年（1784）翁氏题跋的字迹，佐证了何氏所说不虚。

晚清时期，北碑在学理上的阐释已具完备，碑学理论框架已趋成熟。杨守敬、康有为依据其结体多变，认为其"高出唐人"，"以视欧、褚、颜、柳，断鳬续鹤以为工，真成可笑"。而沈曾植、李瑞清则认为"下开率更""信本晚岁瓣香，殆皆在此"①。比如，张裕钊也认为欧阳询的楷书继承了北碑书法之优长，而此碑也成为导源唐代楷书的重要碑刻。上面所举的四点中，除"结体多变"与工整严谨的唐楷有明显区别外，其后关于"险峭""含蓄""坚实"的书体风格大抵与唐代楷书风格相近。

沈曾植还指出"《清颂》近大令""学子敬而似《乐毅》"②，指明了《张猛龙碑》与晋人书法的相通之处。李瑞清从其"屈铁"般的用笔出发，武断地认为《陈纯釜》《景君碑》③直接篆隶的笔法。事实上，晚清学碑书家依然看重北碑中所蕴含的篆隶笔法，并把"敛分入篆"作为碑派书法创作的主要观念。

通过对比经典北碑作品的接受过程，可以看出最初是龙门诸品受到推崇，随后扩大到对新奇造像一类碑刻的关注，《郑文公碑》在光绪中期也与《张猛龙碑》一并进入书家学碑的视野中。通过对典型碑刻的分析，可以看出同治、光绪时期文人对北碑风格的评价从古拙、方重向新奇、流动转变。

---

① [清]沈曾植：《海日楼书论》，《明清书法论文选》，上海书画出版社，1994年版，第920页。

② [清]沈曾植：《海日楼书论》，《明清书法论文选》，上海书画出版社，1994年版，第927页。

③ [清]李瑞清：《清道人论书嘉言录》，《明清书法论文选》，上海书店出版社，1994年版，第1066页。

第三章 书写的差异与审美碰撞

一、摩崖刻经与刻经碑

刻经的衍变还体现在形制上。刻经的形制，除摩崖刻经、石窟刻经、石柱刻经及经幢外，还有碑版刻经。《语石》云："刻经有三，其一摩崖，其二经碑，其三即经幢也。"[1] 安阳的灵泉寺就存有北齐东安王娄睿《华严经碑》。刻经碑运用了中国特有的石碑形式，具有中国传统碑石的形态，有螭龙碑首及底座，刻经碑的出现完全模仿了佛教造像碑。刻经碑是指把佛教经典文献刻在石碑上，是佛教僧侣们供奉"三宝"的产物。其源头有两个：一为北凉时期新疆、甘肃一带常见的刻经造像石塔；二为汉末与三国时期刊立于洛阳太学门前的儒家石经碑[2]。事实上，刻经碑对于经文的刻制效果要明显优越于崖面或石坪上的刻经，因为刻经碑多是打磨平整后再镌刻，可以镌刻小字来保存经文。

刻经碑不仅在碑面的四周刊刻经文，还在碑额部分进行装饰。比如，位于河南安阳地区灵泉寺的北齐刻经碑，碑额刻六龙盘绕，碑

---

① ［清］叶昌炽撰、王其祎校点：《语石》，辽宁教育出版社，1998年版，第120页。

② 赖非、胡新立：《北朝佛教刻经碑形制浅议》，焦德森等主编：《北朝摩崖刻经研究（三）》，内蒙古人民出版社，2006年版，第132—135页。

额中部雕刻一圆形龛，龛内雕一佛二弟子，龛上方可见"毗卢"二字，主尊为毗卢遮那佛，结跏趺坐，头光内饰莲瓣。龛右侧刻"普贤菩萨"，左侧刻"文珠师利"，碑体刻《大方广佛华严经·菩萨明难品第六》，刻经碑的碑额装饰后来在南响堂寺刻经洞内出现。

中皇山《妙法莲华经·观世音普门品》与涉县木井寺北齐武平二年（571）刊刻的《妙法莲华经·观世音普门品二十四》碑[①]、武平四年的（573）《佛说教戒经碑》[②] 的龛形和造像及经文又颇为相似[③]。

北朝时期，山东地区的巨野、济宁、泗水及汶上出现了大量的刻经碑版，尤其20世纪90年代以来，兖州的金口坝出现了大量佛教石刻碑版[④]。其中，兖州《文殊般若经》碑（之一）[⑤]，兖州《文殊般若经》碑（之二）[⑥]，兖州残经碑[⑦]，与汶上水牛山《文殊般若波

[①] 全碑刻56行字，除空格和残字，现存2200字。碑文四面字体不同：碑阳和碑右侧及碑阴的前七行半的经文字体，为隶意较浓的魏碑体，结构茂密浑健，有的字带篆意，有的为篆字，有的为正楷。碑阴从第七行经文"三藐三菩提心"末句以后，直到碑左侧的五行，字体与前截然不同，改为隶书，其结体方整，笔势健丽，苍古奇伟，逸气横生。马忠理：《邺都近邑北齐佛教刻经初探》，山东省石刻艺术博物馆：《北朝摩崖刻经研究》，齐鲁书社，1991年版，第161页。又见马忠理：《邯郸北朝摩崖佛经时代考》，焦德森等主编：《北朝摩崖刻经研究（三）》，内蒙古人民出版社，2006年版，第43页。

[②] 马忠理：《邯郸北朝摩崖佛经时代考》，焦德森等主编：《北朝摩崖刻经研究（三）》，内蒙古人民出版社，2006年版，第43页。

[③] 马忠理等：《涉县中皇山北齐佛教摩崖刻经调查》，《文物》，1995年5期。

[④] 赖非：《金口坝刻经及相关问题》，《中国书法》，2010年9期。

[⑤] 1994年出土于兖州泗河金口坝。内容为《文殊般若波罗蜜经》，瑞士留学生尤丽莎将其复原。赖非：《山东北朝佛教摩崖刻经调查与研究》，科学出版社，2007年版，第165页。

[⑥] 金口坝所出刻经碑残石中又一较大者，复原后与峄山五华峰刻经格式相同。赖非：《山东北朝佛教摩崖刻经调查与研究》，科学出版社，2007年版，第166页。

[⑦] 金口坝所出刻经碑残石中又一较大者，书风与前三石皆异。赖非：《山东北朝佛教摩崖刻经调查与研究》，科学出版社，2007年版，第167页。

罗蜜经》碑①，《河清三年造像记》②，与泰山经石峪刻经，南响堂山的《文殊师利所说摩诃般若波罗密经》卷下节文、《大方等大集经》卷第一《海慧菩萨品》第五，字体特征相似，属于同一种类型。

山东地区北朝刻经的书风较为统一，且同一地域风格相近，这与书写者的书法活动是分不开的。佛教刻经对字体的选择是慎重的，同为佛教义事，刻经的书体亦有别于造像记、发愿文等其他形式的书写，刻经书法要表现大气、庄重、肃穆、易识等特点，尽量与摩崖刻经精神相符合，是一种虔诚的宗教活动，故很少见随意刻凿的现象。

北朝摩崖刻经与刻经碑比较（表 3-1）：

表 3-1

名称	字例
兖州《文殊般若经》碑（之二）	
汶上水牛山《文殊般若波罗蜜经》碑	
泰山经石峪	

---

① 赖非：《山东北朝佛教摩崖刻经调查与研究》，科学出版社，2007 年版，第 167 页。

② 徐叶翎、樊英民：《记兖州近年发现的北齐〈河清三年造像记〉》，《书法》，1996 年 3 期。又见樊英民：《兖州发现北齐造像记》，《文物》，1996 年 3 期，第 65 页。笔者按：本章的研究是以刻经碑为主，然而考虑到定是目前发现的唯一与山东地区刻经书体特征相同的造像记，故列入本书讨论的范围。

续表

名称	字例
南响堂山的《文殊师利所说摩诃般若波罗蜜经》卷下节文、《大方等大集经》卷第一《海慧菩萨品》第五	

　　另外，刻经碑的字体始终受到书法时风的影响。在兖州金口坝出土的北朝晚期残碑石当中，亦有字体精美的楷书之作，如《文殊般若经》残碑石①、《摩诃般若大明咒经》残碑石（图3-1）②。刻经的书法因时代的发展而变化，在后世的房山刻经中，我们发现其书体为隋唐时代的楷书，并非北朝晚期刻经书

图3-1　《摩诃般若大明咒经》残碑

体之特色。刻于初唐武周时期的太原风洞《华严经》③，其书体已是精美的楷书了。

　　就北朝刻经碑字体的选择应用而言，是多种书法风格的并存。如曲阜胜果寺《金刚经》碑④、泗水天明寺《维摩诘经》碑⑤、东平

①　赖非：《金口坝刻经及相关问题》，《中国书法》，2010年9期。

②　赖非：《金口坝刻经及相关问题》，《中国书法》，2010年9期。

③　耿剑：《太原风洞〈华严经〉书法初探》，耿剑：《步履蹒跚——我的佛教美术研究》，江苏美术出版社，2007年版，第53—54页。

④　赖非：《山东北朝佛教摩崖刻经调查与研究》，科学出版社，2007年版，第155页。

⑤　赖非：《山东北朝佛教摩崖刻经调查与研究》，科学出版社，2007年版，第155页。

海檀寺《观世音经》碑 [①]、巨野石佛寺《华严经》碑 [②]、平阴《思益梵天所问经》碑 [③]。楷书和隶书是北朝刻经书法选择的主要字体，在书体的书写实践上，书家依据个人的理解和审美习惯，发挥了主体的能动性。

　　北朝刻经书写文字以实用为出发点，但文字的使用逃脱不了时代的影响。比如，武平二年（571）的刻经碑用字是考究的，并且异体字、俗体字甚多，此时洛阳体的书风已是民间较流行的一种常用书写样式。其他刻石同样也选取了楷书，如山东青州地区 [④] 发现的带有佛教刻石题记的发愿文，如：北魏永安二年（529）韩小华造弥勒像发愿文 [⑤]（图3-2）、东魏天平三年（536）邢长振造释迦像背面发愿文 [⑥]、北齐天统元年（565）成天顺造像发愿文 [⑦]（图3-3）、北齐天统元年（565）成天顺造像发愿文 [⑧]、北齐天保三年（552）周氏造像发愿文 [⑨] 等（图3-4）。

---

① 赖非：《山东北朝佛教摩崖刻经调查与研究》，科学出版社，2007年版，第160页。

② 赖非：《山东北朝佛教摩崖刻经调查与研究》，科学出版社，2007年版，第163页。又见周建军、徐海燕：《山东巨野石佛寺北齐造像刊经碑》，《文物》，1997年3期。

③ 该残经碑现存23字，内容为《思益梵天所问经》。隶楷书，书风与兖州金口坝出土的《河清三年造像记》非常相似，可以初步认定为北方遗物。赖非：《山东北朝佛教摩崖刻经调查与研究》，科学出版社，2007年版，第169页。

④ 从北魏后期开始，泰山以东又形成了以青州为中心的鲁东佛教区，泰山以南，直到峄山，西与东平湖沿岸连成一片，形成了山东佛教的鲁西区。刘正成主编、赖非编著：《中国书法全集（12卷）》，荣宝斋出版社，2000年版，第7页。

⑤ 刘凤君：《山东佛教艺术》，载《佛教美术全集11卷》，文物出版社，2000年版，第60页。

⑥ 刘凤君：《山东佛教艺术》，载《佛教美术全集11卷》，文物出版社，2000年版，第68页。

⑦ 刘凤君：《山东佛教艺术》，载《佛教美术全集11卷》，文物出版社，2000年版，第72页。

⑧ 刘凤君：《山东佛教艺术》，载《佛教美术全集11卷》，文物出版社，2000年版，第72页。

⑨ 刘凤君：《山东佛教艺术》，载《佛教美术全集11卷》，文物出版社，2000年版，第80页。

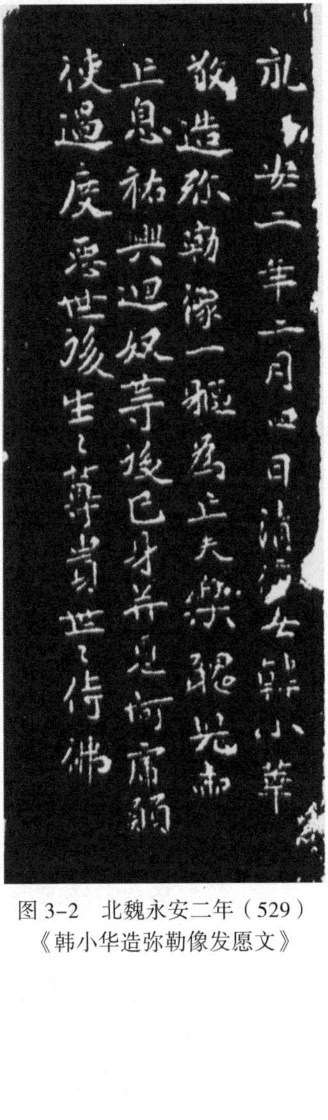

图 3-2 北魏永安二年（529）
《韩小华造弥勒像发愿文》

图 3-3 北齐天统元年（565）《成天顺造像发愿文》

图 3-4 北齐天保三年（552）《周氏造像发愿文》

以刻经碑为代表的刻经书法，跨越的历史时期较长，处于一种动态的发展变化中，能够反映刻经书法发展的全貌，而北朝摩崖刻经大部分集中于北朝后期阶段，相比较刻经碑而言，则是局部的。通过对二者关系的探讨，我们发现刻经碑与摩崖刻经不仅相互影响，而且在一定的时期里书法审美风尚趋于一致。

二、刻经与写经

对北朝时期写经与刻经书法的书体特征进行比较研究，是当前书法学研究的重点，是书法学和字体学共同研究的对象。大体上来讲，十六国时期的写经书法沿用了魏晋时期的抄经书法，北魏时期的《写本佛经》（吉林省博物馆藏），其字形结构已近于龙门书法，结体中紧外展，方笔毕露。若把刻经书法与同时期的写经进行比较，会发现刻经书法中着意强调的笔画竟与写经书法同出一辙，为刻经与写经书法内在的关联性提供了又一佐证；而刻经中的楷书与北周时期南方的写经书法又如出一辙，可见刻经书法中的隶楷相掺型的隶书及楷书已受到了写经书法的影响。二者相比较而言，由于存世的写经书法数量大、种类多，与刻经书法的比较研究，也只能以刻经书法为主，以同时期的写经书法为参照来进行比较研究。通过比较可知，刻经书法受到了写经书法的影响，并且刻经书法中的楷书是写经书法发展到六世纪下半叶与"二王"书风相结合的产物。

（一）刻经、写经书法的历史分期

历史上刻经书法的发展演变大致经历了四个时期：早期刻经，北魏至北齐（386—565）（含过渡期）；盛期刻经，北齐、北周（550—581）；中期刻经，隋大业至唐末（605—904）；晚期刻经，五代宋辽至明清（907—1909）。[1]

而北朝时期的刻经书法也经历了三个阶段。第一阶段为西秦—北魏太平真君时期。刻经形式：以塔为主。刻经目的：祈福禳灾，报恩。刻经功能：供养。分布：新疆、河西走廊一带。第二阶段为北魏孝昌间—北齐河清间。刻经形式：碑、摩崖。刻经目的：扬义，祈福禳灾。刻经功能：弘法。分布：山西、山东、河南、河北。第三阶段为北齐天统间—北周末。刻经形式：摩崖为主。刻经目的：兴福、保存

---

① 耿鉴：《论佛教刻经书法流变》，《二十世纪书法研究丛书——历史文脉篇》，上海书画出版社，2008 年版。

经文。刻经功能：护法。分布：邺都近畿、泰峄山区。^① 可见，邺城近畿及山东地区的刻经书法处于历史上刻经的鼎盛阶段。在刻经书法发展的同时，另一种载体的写经书法^②同样也在发展中，而其内在发展的稳定性、连续性较强。虽然二者相互影响，但又各自独立，其发展也是不均衡的。关于写经书法的概念问题，学术界也没有形成一个统一的认识。对此，郑汝中先生讲到，写经的书体是随着时代的发展而变化的书体，没有一个固定的类型，也不是一种专用的书体。因此，敦煌的写经，实际上是各个时期，社会上流行的多种风格，是从隶到楷衍变过程中形形色色的楷书形式^③。正因为写经与刻经书法的不同步发展，或者讲在某一时期刻经书法滞后于写经，使得我们在进行刻经与写经比较研究时，要注重对历史发展脉络的整体梳理。

魏晋南北朝时期的敦煌写本书法，大致上划分为三个阶段：第一阶段，是隶书楷化的初期。这时的写本继承了汉简书法的许多特征，但又不是完全的隶书体，表现出一种不规范的特征，如写于十六国西凉建初二年（406）的编号为 S.797《十诵比丘戒本》，字形呈纵向结构，笔法多为汉隶的用笔，用墨较浓，起笔轻，收笔重，特别是捺笔重顿。书风类似的写卷，还有新疆吐鲁番出土的《三国志·吴志》写本，其书写的时代相差不会太远。甘肃省博物馆 001 号《法句经》、敦研 019、020 号《大般涅槃经》等，与这个类型相接近，但写法较为规整一些，字型结构逐渐趋向于扁型，吸取了汉简的写法，起笔多露尖峰，收笔略作停顿，笔划纤细而流利，由于书写速度快，

---

① 赖非：《北朝刻经的起源、发展与分布》，《北朝摩崖刻经研究（三）》，内蒙古人民出版社，2006 年版。

② 郑汝中：《敦煌书法概述》，《敦煌书法库（一）》，甘肃人民出版社，1995 年版。

③ 同上。

时见连笔，显得意态开张，灵活潇洒，是这一时期最流行的写法。①

　　第二阶段是北魏后期至东、西魏时期，这一时期由于孝文帝改革，学习南方文化，所以南方的写经也传到了北方以及敦煌等地区。这时南方已出现了较为规整的楷书字体，代表性的写经作品有：编号S.081《大般涅槃经》，此卷前部已残，卷末有题记"天监五年（506）七月二十五日，佛弟子谯良颙奉为父于荆州竹林寺敬造大般涅槃经一部……"通篇已是工整严谨的楷书，可与南方出土的《刘岱墓志》［永明五年（487）］、《吕超静墓志》［永明十一年（493）］及《王慕韶墓志》［天监十三年（514）］等碑刻书法相媲美。具有相同风格的写本，还有天监十八年（519）写的《出家人受菩萨戒法卷第一》等。编号P.4506《金光明经》，此卷为绢质，从题记中可知，写于北魏皇兴五年（471），书法保留一定的隶书特点，结体呈方形，墨色浓重，富于变化，明显的具有《始平公造像》《杨大眼造像》等魏碑书法特征。编号S.1427《成实论》，其字体趋向于方形，形体仍向左倾斜，在撇、捺及转折处可以看出魏碑的影响，用墨较浓，笔迹流利洒脱，是写经中的上品。卷末有十分完整的题记：成实论卷第十四。经生曹法寿所写，用纸二十五张。永平四年（511）岁次辛卯七月二十五日，敦煌镇官经生所写。②

　　第三阶段为南北朝后期，此时，南北方文化已得到广泛的交流与融合，风格纷呈，品种繁多，是这一时期的特点。写于北周保定五年（565）的编号S.1945《大般涅槃经》，写卷全篇为工整的楷书，结构严谨而平正，时露险劲之势，行笔刚健，波磔提按，一丝不苟，锋芒外露，有魏碑特点，笔法不是那么圆润，而使人有一种"生""涩"之感，撇划常往回勾，露出一丝隶书的遗风，但在结体上已是楷书

---

① 赵声良：《敦煌写卷书法（上）》，《文史知识》，1997年第3期。

② 同上。

风范 [1]。

沈乐平先生也将敦煌写经体的历史发展分为三个阶段：第一阶段，即晋末至北周的二百年 [2]。沈乐平对这一时期写经书法的书写特征进行了归纳，其基本观点与赵声良先生持同。第二阶段，即隋至中唐时期的两三百年。第三阶段，从吐蕃接管统治起到晚唐五代，直至宋初。

日本学者藤枝晃先生依据北朝写经书法的纸张、成色、书写特点等因素，将北朝敦煌、吐鲁番出土的写本划分为三个分期：北朝前期 [3]、北朝后期 [4]、高昌国写本时期 [5]。沈乐平先生将北朝写经书法大抵分为两个阶段，第一阶段：北魏和西魏时期的敦煌书法、敦煌文书，笔法的熟练度进一步加强，字体构架上体现出一种张扬和力量的特性——与传统意义上的北碑书法结字的力学构造方式非常接近，称此时的写经书法为北碑书法的另一种"书丹"形式。把编号 S.2660《胜鬘义记》、编号 S.5304《妙法莲花经·卷三》诸卷中与《龙门二十

---

① 赵声良：《敦煌写卷书法（上）》，《文史知识》，1997 年 3 期。

② 代表作品为：升平十二年（368）的《道行品法句经》、建初元年（405）的《十诵比丘戒本》、兴安三年（454）的《大慈如来告疏》、天安二年（467）的《维摩诘所说经》、延昌元年（512）的《成实论》、正光二年（521）的《大方等陀罗尼经》、永熙二年（533）的《大般涅槃经第卅一卷》、保定元年（561）的《大般涅槃经卷第十八》等。沈乐平：《敦煌书法综论》，浙江古籍出版社，2009 年版。

③ 北朝前期书体可说是隶体。还是所谓八分体的笔法，横画右端收笔。藤枝晃著、白文译、李爱民校：《中国北朝写本的三个分期》，《敦煌研究》，1990 年 2 期。

④ 比前期书体更接近于楷书，但依然可以看出它延续北朝时期的用笔，笔画仍保留有隶体的风格，如拖划的末尾、波磔等。藤枝晃著、白文译、李爱民校：《中国北朝写本的三个分期》，《敦煌研究》，1990 年 2 期。

⑤ 此时带有其国王所供养的识语残片，流传下来的有十几份，大体上有《金光明经》《仁王护国般若经》等。这些高昌国写本的特征，在形式上大体沿袭了北朝后期写本的某些特点。书法比北朝后期感觉更接近唐代楷书。藤枝晃著、白文译、李爱民校：《中国北朝写本的三个分期》，《敦煌研究》，1990 年 2 期。

品》里"始平公""魏灵藏""杨大眼"诸刻中重复的字形做一比对，在很多细节的处理上，尤其是横折笔画的右上角的"外撑"模式、平行线条之间（线组内部空间）的距离和仰角关系、钩笔和戈笔在翻折处的顿压和出锋的方向上，皆有惊人的相似之处。第二阶段：北周时期的敦煌书法（557—581），北周各类文书的隶意消失殆尽，楷化的进程进一步加剧，为后来隋唐时期楷书定型和完全成熟前的最后一站。写本的楷书面貌在保持着北魏、西魏时期的形质特点上，顿按的幅度和使用进一步靠近纯粹的楷法，同时基本消减掉了隶法中波磔、挑翻等技巧；在体态上虽然还略有横势延伸的意味，在整体上已比较接近于新潮的南式楷法①。

　　写经的演进轨迹总体上是朝楷书化的方向发展，这是由于日常书写的楷式没有完全定型导致的，以至于会时常出现带有浓重隶书笔意的写经作品。学术界对于写本书法的分期，也只是宏观上的概括，同一时期的写本也存在多种书写风格。笼统地以时间来进行划分，或以某一个时间点为界点进行书体特征上的划分，都有局限性。日本学者藤枝晃先生集中于对敦煌写本的材质以及色泽进行研究，而对书体特征的看法基本与国内研究者相一致。

　　虽然上述的分期划分存在着一些分歧，但都涉及写经的书体特征（表3–2），并以写经的书体特征作为划分的依据，而典型笔画形态是书法结构空间所有构件元素中最具代表性的元素②，我们依然能够根据典型笔画的形态的变化归纳出不同时期的写经书法存在的特点与差异。其书写时代，在隋唐以前者，多存北朝风格，如：《老

---

① 沈乐平：《敦煌书法综论》，浙江古籍出版社，2009 年版。

② 赖非：《书法环境——类型学》，文物出版社，2003 年版。

子想尔注长卷》，结体平扁，波磔广阔，近八分而稍异于今楷[①]。

事实上，写经是多种类型的共存，有的学者还把早期敦煌写本书法分为三期十三式[②]。此外，写经又可分为：官方佛教写经、宗教写经、僧尼写经、信众写经、写经生写经等类型。写经书法水平参差不齐，既有书艺高超的经典之作，也有出于普通百姓之手的日常书写[③]。

表3-2 西晋至北朝后期主要写经书法特点简表

时间	参照作品	特点
西晋元康六年（296）	《诸佛要集卷》	字势趋于长方，提按分明，"不""无"等字的捺笔，寓巧于拙，蕴含古法。中规中矩，流畅自然是《诸佛要集经》写本特征。捺脚保持浓厚的隶意，笔锋似用点之法，撇竖首粗尾细，波捺首细尾粗
十六国西凉建初二年（406）	S.797《十诵比丘戒本》	字形呈纵向结构，笔法多为汉隶的风范，用墨较浓，起笔较轻，收笔很重，特别是捺笔作重顿
北魏兴安三年（454）	敦研007号《大慈如来告疏》	形成倾斜之势，结构紧凑，间距疏朗，笔致朴拙。P.2570《毛诗》与《大慈如来告疏》书风属同一类型
北魏皇兴五年（471）	P.4506《金光明经》	仍保留一些隶书的特点，结体呈方形，墨色浓重，行笔劲健，富于变化，明显地具有《始平公造像》《杨大眼造像》等魏碑书法的特点
天监五年（506）七月二十五日	S.081《大般涅槃经》	较为规整的楷书字体

---

① 饶宗颐：《敦煌写卷之书法》，《饶宗颐二十世纪学术文集》，新文丰出版股份有限公司，2003年版。

② 赵声良：《早期敦煌写本书法的时代分期和类型》，《敦煌书法库（二）》，甘肃人民出版社，1995年版。

③ 毛秋瑾：《敦煌写经书法研究》，香港中文大学博士论文，2005年。

续表

时间	参照作品	特点
永平四年（511）	S.1427《成实论》	形体向左倾斜，在撇、捺及转折处可以看出魏碑体的影响
天监十八年（519）	《出家人受菩萨戒法卷第一》	较为规整的楷书字体
正光二年（521）	《大方等陀罗尼经》	少用逆锋，左轻右重，明显存有隶书意味，取斜势
永熙二年（533）	《大般涅槃经第卅一卷》	
保定元年（561）	《大般涅槃经卷第十八》	
北周保定五年（565）	S.1945《大般涅槃经》	工整的楷书，行笔刚健，有魏碑特点，在结体上已是楷书风格

（二）刻经书法的源头

关于刻经书法书体特征的源头问题，王学仲先生在《碑·帖·经书分三派论》一文中谈到：一部分汉简的楷隶体，如《还告退》和《春君幸勿相忘简》、隶书《日不显目简》，影响到六朝人的写经，在印刷术还不昌明的时代，佛教的传播，借重于经生抄写，社会上传法、讲经、许愿，都需要一些专门的抄经手，这就是职业写经生的出现。他们采用了一部分含有草意隶情的汉简去抄写佛经，便于佛经快速的传播，蜕变而形成独立的经生体，再发展而为石经摩崖体。[①]一些敦煌写本上最古老的书体，酷似在敦煌和居延地区发现的汉代木牍

---

① 经派书之所以可以自成体系有多种原因，大体说来有以下三点：一、为使佛教不灭，由写经进而刻石成为大型摩崖；二、其书体由经生体转化而为摩崖体；三、其书写阶层既不是帖学的贵族士大夫，也不是北碑的乡土书家，而主要是写经生、僧人和佛教信士，是一些佛教界的书法家，因此如果把六朝经派书加以概括，主要有两种：其一就是经生体，其二就是摩崖体。王学仲：《碑·帖·经分三派论》，《中国书法》，1987年3期。

文书的书法。^①且写经书卷中的很多字迹含有大量的隶书笔意^②，而且这种隶书笔意在整个写经的历史中持续的时间较长。

王学仲先生写此文的目的主要是在立书法的"三派论"，尽管有学者对此产生质疑，但作者梳理了摩崖刻经及写经的发展演变过程，指出摩崖刻经体是由写经体发展演变而来的。坚持上述观点的还有华人德先生。他在《六朝写经体——兼及"兰亭论辩"》一文中阐述了写经书体特征的形成：魏晋大量的佛经所抄写的书体，正处于汉末由带有波磔的隶书即"八分书"和不带波磔的简率隶书向楷、行书过渡的阶段，捺笔和主横画尚含有浓厚的隶书波磔意韵，显得丰肥厚重，但是已出现楷书的撇、钩。撇和钩在东汉碑刻上的八分书中几乎是不出现的，而在一些书写较快捷的隶书中，因为笔画的简省呼应产生了这种笔致，在楷书中吸纳了撇和钩的写法，并成了基本笔画。并进一步指出了写经体的书法特点：横画都是尖锋起笔，不用逆锋，收笔处重按，转折处多不是提笔转换笔锋，而是略作顿驻后再调笔锋，以取劲疾。如西晋元康六年（296）《诸佛要集经》（图3-5），永嘉二年（308）《摩诃般若波罗蜜经守空品第十七》，这是在日常应用的正书体基础上再加以改造并程式化的一种书体，其所追求的效果是要既工且速。早期写经对后世的写经在体式上产生了深远持久的影响，是六朝写经体形成的基础……写经体到南北朝时已与当时流行的正书、行书有明显的区别。北齐北周时期山东、河北等地的摩崖刻经，都是放大的写经体。^③

---

① （日）藤枝晃：《敦煌写本概述》，《敦煌研究》，1996 年 2 期。

② 笔者按：从汉字书体演变的规律来看，古隶衍生出了楷书，在楷法没有完全定型以前，隶意的存在是合理的。除此之外，书写工具也是不可忽视的重要原因之一。

③ 华人德：《华人德书学文集》，荣宝斋出版社，2008 年版，第 47—50 页。

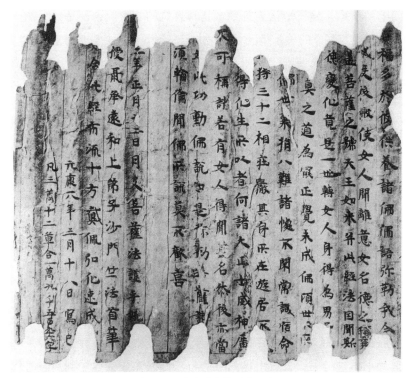

图 3-5　西晋《诸佛要集经》

　　以上的论述指出了写经体的来源及书体风格特征，而西晋元康六年的《诸佛要集经》写本被视为写经体之源①。由于写经书法的发展历时较长，留下来的写卷数以万计，而北朝的刻经大多集中于后期，多在河北，山东、河南等地区。写经书法起初是一项日常的书写活动，书写水平相当，随着写经、抄经的不断深入，书写的差距越来越大。在南北朝时期，"二王"一路的书风往往存在于上流贵族阶层。刻经书法的书体类型与写经相比较，同一的书写风格往往会出现时

———————————

① 王振芬：《从西晋元康六年〈诸佛要集经〉写本探写经体之源》，《书法丛刊》，2006 年 6 期。

间上的错位。笼统地认为刻经本是写经体的放大版，都是欠妥的。尽管刻经与写经的关系最大，然而由于书写载体、书写工具、刻手、书写环境的巨大差异，即便是同一典型的笔画形态，也会因地域或外在环境的不同，出现细微的差别。

（三）北朝刻经书法与写经的关系

刻经与写经的目的也不尽相同，北齐境内刻经的兴盛，是为了有效地规避权力阶层的灭佛活动。而北周地区的刻经要晚到北周后期。在对北朝刻经书法进行研究时，本书将山东地区的刻经隶书分为汉魏隶书延续型、隶楷相掺类型、通俗隶书三种类型。其中，隶楷相掺型与写经书法的某些特点相近。而刻经楷书以中皇山《思益梵天所问经》[①]与写经体最为接近。

摩崖刻经还出现了与写经本分段落一致的情况[②]，这说明北朝的摩崖刻经书法在文本的形式、格式上受到了写经的影响，写经书法与摩崖刻经的关系很紧密。对于写经和刻经来讲，不管书写者采取何种书体进行书写，其书体的某些特点都或多或少地受到当时时代环境的影响，逃脱不了历史发展的规律，写经中的隶楷风格就被刻经书法所借鉴。山东地区的摩崖刻经书法，尽管个别字的笔画及体势与写经书法有相同之处，但是与北朝时期的写经书法关系不大（表3–3）。

---

① 中皇山《思益梵天所问经》，现残存经文 348 行，满行 120 字。残存第 1 行至 120 行为隶书体，从第 121 行到第 308 行，改为楷隶兼备的魏体字，有的字为楷书，有的带隶意，有的甚至带行书连笔的写法。马忠理等：《涉县中皇山北齐佛教摩崖刻经调查》，《文物》，1995 年 5 期。

② 张总：《北朝至隋山东佛教艺术查研新得》，1999 年 11 月，芝加哥 "汉唐之间宗教艺术与考古" 国际学术会提交论文。

表 3-3

泰山经石峪	葛山刻经	铁山刻经	峄山刻经	西凉写本《十诵比丘戒本》写经
何	可	引	向	可何
哉	减	减		戒
人		灾	文	被

然而，这些相同之处就刻经书法整体而言，很少。另外，同一个字在同一篇刻经书法中也有多种写法，极个别的写法较为粗率，刻经书法审美风格的价值远远大于其书法自身的价值，以至于被称为"否定书法的书法，超越书法的书法"①。

在北朝后期，南朝书风已经渗透到北方，书体则表现为多种书法类型的共存②。中皇山《思益梵天所问经》刻经楷书与南朝时期的的写经书法最为接近③。

北朝后期，北方的真书已趋向与南朝二王书风类型合流④。王褒入关后，北方出现第二次仿效南朝书法的高潮，北周灭北齐后，北方书法又统一为南朝书风。不久，隋朝灭陈，南朝书法成为全国的主流书风。

---

① 熊秉明：《中国书法理论体系》，天津教育出版社，2002 年版。

② 赖非：《魏晋南北朝书法类型》，《书法类型学的初步实践》，深圳金屋出版公司，2003 年版。

③ 中皇山刻经楷书其体式和气韵更接近佛教写经和智永《真草千字文》的楷书风格，是写经体发展到六世纪下半叶与二王书风及刻石相结合的产物。刘元堂：《中皇山北齐佛教刻经书法研究》，南京艺术学院硕士学位论文，2008 年。

④ 在北朝晚期，刻石书法的笔势、笔法也与南朝的二王书风趋近，渐渐归于统一，写经书法的笔势、笔法也随着这一时代的潮流进化，而与时风一致起来。西魏以后的写经作品，绝大多数已失去了作为具有独特风格意义的"写经体"的独立价值。徐利明：《中国书法风格史》，河南美术出版社，1997 年版。

三、墓志隶书与其他石刻隶书的差异

隶书在北朝后期石刻体系中扮演了重要的角色，北朝晚期隶书大规模出现，刻经中的隶书经文大体有南响堂山的《大方广佛华严经》卷五、六，《妙法莲华经·观世音普门品》第二十五，北响堂山的《佛说维摩诘经》，中皇山《思益梵天所问经》的前 120 行，小南海石窟刻经的《方法师镂石板经记》《华严经偈赞》和《大般涅槃经·圣行品》。此外，在造像记、墓志一类刻石中出现。客观上讲，北朝石刻隶书是继汉代隶书之后的第二座高峰，以往的研究者对北朝的石刻隶书贬抑较多，认为其无法与汉代的隶书相媲美，无面目可观者。然而，北朝晚期的石刻隶书为我们全面考察隶书的流变，评析北朝人书写汉隶的实际水平，研究八分书在北朝的流传、取法及北朝人隶书的审美取向等都有十分重要的意义。

由于墓志是为丧葬服务的，故而用途、功能与地面上的石刻是不一样的。大体上来说，地面上的石刻文字追求书写的艺术性，追求美感。而墓志上的文字更多的是追求文字的识读性，其次才是文字的美观。事实上，这种美观性的要求，即便是在高官士大夫的墓志中也很少出现。在这里，有一个现象，我们可以做一下大胆的推测，墓志上的铭文字数少则 500 多字，多则达 1800 字左右，而墓志的尺寸又有着严格的限制，最显著的一个格式特点就是间距；行距特别紧凑。大多数隶书的结体的左右偏旁都是平脚式，很少是左高右低，所以文字的舒展程度不高。然而，不足以说明北朝隶书的结体都是紧凑型的。位于河北邯郸峰峰矿区的南响堂山 2 号窟的《文殊般若经》卷下节文，《大集经·海慧菩萨品》《摩诃般若波罗蜜经·法尚品》等的大字刻经隶书，用笔谨严，颇合汉隶用笔、结体之法。

北朝人使用的石刻隶书不论是地面上的石柱、造像记、刻经，还是地下的墓志，对隶书体只是作为一般的通俗字体使用，其地位与北朝前期的魏碑体一样。在选择使用方面，并不着意去追求汉代八分书①的体势，在楷法已经成熟的北朝晚期，已经不能避开楷书的用笔，来书写纯正的隶书了。尽管有些北朝的墓志隶书其外表特征与汉代的八分书无异，但当我们进一步探究，依然能够发现其书写的不同。后代人写隶书往往是对汉代的隶书进行一种被动的模仿，而汉代隶书的波磔也是后代人最容易抓住的汉隶显著的特征。事实上，邺城地区的墓志隶书水平不高，他们用楷书的笔法写隶书，隶书的点画过于柔弱纤细。或者说在东魏北齐的权力阶层中没有擅长写隶书的官员。

首先，我们对北朝的石刻隶书进行大体分类：

第一类：结体工整，波磔明显，在用笔和结体上近似于八分书，大都以平画宽结为主，取平势。

暴诞墓志

窦泰墓志

窦泰妻娄黑女墓志

封子绘墓志

高湝墓志

① 汉代的典型隶书大约形成于西汉武帝后期，东汉后期的大部分石刻隶书采用了这一样式，其书体特点为：横长竖短，有波磔，呈横势，中宫紧收的同时外向的笔画极为舒展。

叔孙固墓志

韩君神道碑

慧果造像记

南响堂山的《大方广佛华严经》

北响堂山的《佛说维摩诘经》

小南海石窟刻经的《方法师镂石板经记》《华严经偈赞》

南响堂《妙法莲华经·观世音普门品》第二十五

相较北朝墓志的其他隶书而言，此类隶书的书写较为工整，而结体已经没有了汉隶的舒展，作为横画主笔的波磔，也丧失了自身独特的美感。而地面上的碑刻《韩君神道碑》，笔画纤细，结体舒展，颇有汉隶礼器的神态，不足之处是结体过于方整，再加上刀工特有的运刀刻制之法，刻出来的笔画形态已较汉隶甚远。另一碑刻《慧果造像记》虽有类似东晋"折刀头"隶书的横画波磔，然而捺脚的

写法完全是楷书的写法了，笔画的钩画已经很突出了。

第二类：在结体上取楷式。楷书的用笔，只是徒有隶书的波磔，部分隶书略显草率。

赫连子悦妻间炫墓志

李君妻崔宣华墓志

刘忻墓志

刘悦墓志

是连公妻邢阿光墓志

司马遵业墓志

吴迁墓志

徐彻墓志

薛广墓志

左立子安在

元悰墓志

亚天遷亦成

元韶及妻侯氏合葬志

元文墓志

元显墓志

元延明妃冯氏墓志

这种隶书类型可以讲是北朝晚期墓志隶书的主流风格，受时代因素的制约，尤其是受到汉字楷化的影响，此时的隶书无论怎样去着意强调隶意，其隶书的面貌已经打上了时代的烙印。刻工的水平不一，有一点可以肯定：文化水平较差。这一点可以从 （《刘悦墓志》）看出。阴刻阳刻混杂，这主要还是由墓志的功用决定的。

在北朝墓志隶书中个别字的书写已经完全楷书化了，只是整块墓志整体上保留着隶书的风貌。在北朝晚期，汉字逐渐楷书化的走势直接带来了隶书的式微，从古隶衍生出了楷书。从这一观点出发，古隶与楷书在用笔的表现上是一对矛盾体，往往每一步用笔的延伸，就会打破二者之间明显的界限。

第三类：横画波磔左低右高，重心不稳。

高湛墓志

赫连子悦妻闾炫墓志

李君妻崔宣华墓志

小南海石窟刻经的《方法师镂石板经记》《华严经偈赞》

慧果造像记

胡后造观世音石像记

出现横画波磔左低右高的情况，不外乎两种原因：一是由于当时的书写姿势造成的；二是书写者已不擅长隶书波磔的写法，归于用笔上的不到位，是由自身的书写实践造成的。这也说明了北朝晚期，书写者对隶书的书写已缺少了对法度的依存。

第四类：与刻经隶书相一类。

高百年妃斛律氏墓志

高百年墓志

王仲悦等造像记

咸会残石

胡后造观世音石像记

杜照贤等十三人造像记

义慈惠石柱颂

孙静造像记

中皇山《思益梵天所问经》的前 120 行

刻经隶书最大的特点是"板滞"，由于刻写的字数较多，为求风格上的统一性，书刻时程式化较为严重，这种书写的现象在北朝墓志隶书及造像记、碑刻残石中也依然存在。这种现象的出现与刻工的刻制手法不无关系，因为书写的韵味往往由于刻工的加工制作而被减弱，导致有的作品书法韵味已经消失殆尽，只存留了字的结构，用笔全无。北朝墓志隶书作为地下的石刻，其艺术性要逊色于地面上的碑刻，主要是由于墓志的书写面积小，字数多，发挥的空间小。此外，再加上墓志的志文是为了记录需要，并不是为了后人进行观赏。

其中《石信墓志》与岗山刻经①的横画用笔如出一辙，即在横画的波磔书写用笔上，起笔都是顺锋斜下走势，然后一波三折，横画收笔处，下端如楷书的顿笔，上端有意向上挑起一撮尖波。只是岗山刻经为大字书写，故横画的波磔书写较为夸张，笔迹更加分明而已，

---

① 山上有刻经《入楞伽经·诸佛品第一》节文，现存大字《入楞伽经·诸佛品第一》节文共 27 石。

线条也没有《石信墓志》那样纤细，故而可见北方的刻工程式有着稳定的"地域"特色。

北朝墓志隶书整体上书写风格趋于规整匀称，结构上变化不大，从笔画形态上来看，北朝墓志隶书仍保留着汉隶的波磔和撇画收尾处的上挑，书写上较为随意。由于墓志铭文字较多，书写量较大且以汉字的易识为重，故某些字较为草率，线条的弧度（包括横画和竖画）逐渐平直化[①]。另外，线条的长度加长，失去了字形的扁平状态。而方折笔画不是汉隶出现才具有的笔画，早在秦文字中已经出现，具有方折的秦隶书已经在世俗及官方中普及开来[②]。

北朝的石刻隶书已经受到其他各种成熟字体的影响，表现为几种书体的写法同时出现在同一篇石刻中，或者包含不同书体风格的笔画出现在同一字中，这是北朝石刻隶书的显著特点。横画、捺画的"蚕头燕尾"也明显收敛，饰美功能下降，折画由汉隶中的两笔对接或者圆弧形向方折形过渡。结构趋向简化，符号化进程加快。西魏墓志极少，所见墓志的字刊刻轻浅靡弱。北周墓志数量不多，书风与北齐略同[③]。

当我们把北朝的墓志隶书放在当时的隶书大环境下进行考察时，不难发现北朝的墓志隶书的书写水平不是最高的，当然墓志当中也有较为规整、合乎法度的一路。总的来讲，北朝晚期的隶书书写水平不一且风格多样，而刻经隶书的风格类型是当时北朝晚期隶书的主流风格，部分墓志隶书极类似于刻经隶书。北朝晚期的墓志隶书

---

① 黄文杰：《秦至汉初简帛文字研究》，商务印书馆，2008 年版，第 46 页。

② 侯学书：《秦权量诏书小篆是官方实用字体说》，《高等书法教育学科建设与发展国际研讨会论文集》，文物出版社，2005 年版，第 245 页。

③ 华人德：《论北朝碑刻中的篆隶真书杂糅现象》，《中国书法》，1997 年 1 期，第 50—53 页。东魏、北齐、北周墓志有部分作真书，或是结体宽博并杂有隶笔的真书，这又是受佛教刻经书体的影响。《论东晋墓志兼及兰亭论辩》，华人德：《华人德书学文集》，荣宝斋出版社，2008 年版，第 30 页。

构成成分较为复杂，涵盖了古隶、八分、篆书的明显因素，且大都含有楷化的倾向，这些因素足以证明隶变在北朝后期仍有延续，这为汉字隶变的下限时间 [①] 提供了又一说法。

<hr/>

① 陆锡兴先生认为：隶变应当包括楷变，隶变的下限应到楷书。陆锡兴：《隶变是一个文字发展阶段》，载《历史教学》，1992 年 9 期。赵平安先生认为：隶变始于秦文字，隶变始于战国中期，隶变的下限在今隶，隶变是一个横跨数百年的漫长而复杂的动态过程。赵平安：《隶变纵横谈》，《历史教学》，1992 年 9 期。或见赵平安：《隶变研究》，河北大学出版社，2009 年版，第 11 页。

第四章 清代对北碑的接受与评价

一、清初文人对北碑的态度

伴随着清初对个别北碑的品评，清人对北碑的取法在此时也渐露端倪。从顺治十年（1653）成童所书的《灵异记》刻石中，已可看出学习北碑的痕迹。《畿辅先哲传》载：雍正二年（1724）进士贾如玺"工秦汉北魏篆隶诸体，晚年字益险怪有古趣"①。从雍正十三年（1735）潘宁所跋《崔敬邕墓志》（康熙中，安平令陈崇石掘土得之，图4-1）中可以侧面了解士人对此碑的学习：

> 北碑《崔贞公志铭》，阅至我朝陈香泉宰安平时，始出于土壤，朝士争欲致之，拓无虚日，未及二十年，而石已裂尽，迨香泉补南安守，特出旧贮廿本，留于白下……于时迁甫作长歌，志山冈南以下七八人皆倾心摹仿，独志山参以褚法自成一家书。……迁伯爱其书法直接元常，既已珍同希世，又摹其小篆标题，恍若老成之尚在也。②

---

① ［清］李放：《皇清书史》，《清代传记丛刊》，明文书局，1985年版，第84册，第300页。
② 参见《崔敬邕墓志》，上海书画出版社，2000年版。

图 4-1　《崔敬邕墓志》

在"朝士争欲致之""志山冈南以下七八人皆倾心摹仿"之外，杨宾还记载，"陈香泉（奕禧）学《崔敬邕墓志》，则《崔敬邕》行"①。显然，取法者远不止七八人。将北碑与钟繇书法相关联，其目的在于将北碑笔法与汉魏古法相勾连，旨在强调北碑的源头。有人将《崔敬邕墓志》和唐楷一起临习，"志山参以褚法"即是对《崔敬邕墓志》风格的改造。褚遂良书法在当时被普遍认为是妍媚书风的代表，"如瑶台仙子，不胜绮靡"②。陈奕禧对北碑的取法更为大胆，杨宾评其书"学《崔敬邕墓志》，亦深厚有六朝气"③。陈氏在《绿阴亭集》中又指出：

> 予每学蔡、梁等法，且历观北朝江左诸家之制，融会变态，遂成一体，非篆非隶，善鉴者赏其能，寡识者嗤其怪……因获睹此碑，自言得失，当不以示人惹非议也。④

陈奕禧学习汉代蔡邕、梁鹄的隶书，并融合"北朝江左诸家之制"

---

① ［清］杨宾：《大瓢偶笔》，《历代书法论文选续编》，上海书画出版社，1993 年版，第 588 页。

② ［清］陈玠：《书法偶集》，《明清书法论文选》，上海书店出版社，1994 年版，第 582 页。

③ ［清］杨宾：《大瓢偶笔》，《历代书法论文选续编》，上海书画出版社，1993 年版，第 537 页。

④ ［清］陈奕禧：《绿阴亭集·题郭孝子碑》，《明清书法论文选》，上海书店出版社，1994 年版，第 485 页。

而成的非篆非隶字体，其间架结构应为楷书式样，与杨宾所言"深厚有六朝气"的风格略有相合之处。但是这种书风不为世人接受，在崇尚帖学古雅的大环境下，这种书体很容易被视为另类，被"寡识者"嗤笑，陈氏又主张"不以示人惹非议"，其原因也正如此。

以上关于取法北碑的记载虽不多，但我们依然可以看到，清初对北碑取法的实际情况，既有忠于帖学的一面，也有如陈奕禧等人大胆改造的情况。此时，书法家所见北碑品目不多，受时代条件和所见碑拓实物限制，清初金石学者的书法仍以帖学为主，顾炎武和杨宾的书法仍然是承袭晋人书法面貌，朱彝尊的隶书以追求帖学的隽美为尚，而此时对北碑的涉猎仅仅处在萌芽阶段。

在清初帖学"尚妍"书风和雅正的文字视角下，北碑中"丑""怪""俗""露"和篆隶杂糅、别体字的现象受到金石书家的极大排斥。与此同时，清初文人对北碑字体、书体、风格的正面评价初具科学和理性。如《张猛龙碑》和《崔敬邕墓志》正因为迎合了帖学的审美观需要而成为北碑接受的重要开端；另一些北碑被认为具有"古意"，奠定了后来碑学发展的基调，北朝碑刻同样具有汉魏碑刻的古法，是帖学之外书法物质载体的又一呈现。事实上，在清代中期以前，对北碑的研究还是依附于金石学门下，其论碑的重心还在于经史考订，书法鉴赏只是附庸。

二、北碑中的古意

在清初，一些金石学家和书家已经注意到了北碑中的古意。陈奕禧亦看重北碑，他在《隐绿轩题识》中说："《张猛龙碑》亦不知书撰人名，其构造耸拔，具是奇才。承古振今，非此无以开示来学。

用笔必知源流所出，如安平新出《崔敬邕碑》与此相似。"①

其他的金石学者或书家也多从"古意"的视角出发来鉴赏北碑的书法风格：

犹存古意……②（郭宗昌跋《李仲璇修孔子庙碑》）

字体近拙而多古意。③（顾炎武评《中岳嵩高灵庙碑》）（图4-2）

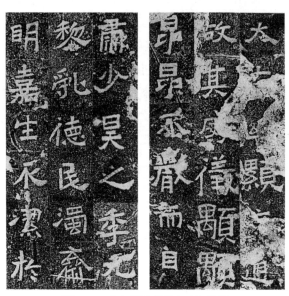

图4-2　《中岳嵩高灵庙碑》局部

① 金丹：《阮元书学研究》，荣宝斋出版社，2012年版。

② [明] 郭宗昌：《金石史》卷一，《石刻史料新编》，新文丰出版有限股份公司，1986年版，第3辑，第39册。

③ [清] 顾炎武：《金石文字记》卷三十五之五，《石刻史料新编》，新文丰出版有限股份公司，1986年版，第1辑，第12册。

然以拙笔见古，与后代专逞姿媚者不同也。①（朱彝尊《北齐少林寺碑跋》）

审视书法，非近代所及……②（朱彝尊跋《风峪华严经石刻》）

南北朝书，虽多生强而古意犹存。③（杨宾《大瓢偶笔》）

好大王碑，其骨韵纯是隶法之遗，其时中原文字，南北异势，属在边裔，故守古甚力。④（曾熙《论好大王碑》）

那么"古意"到底指什么呢？它是否和篆隶书的某种意象有关？顾炎武在《中岳嵩高灵庙碑》中没有说明它和篆隶书的关系，但对《唐景龙观钟铭》则云：

初唐人作字尚有八分遗意，正书之中往往杂出篆体，无论欧虞诸子，即睿宗书亦如此。犹之初唐律诗，稍似古风，平仄不尽稳顺，开元以后，书法日盛，而古意遂亡，遂以篆、楷为必不相通，分为两部。……诗篇书法，日以圆熟，而俗笔生焉，亦世道升降之一端矣。⑤

可见，"古意"源自"平仄不尽稳顺"，对应于"圆熟"和"俗笔"。通过观察《唐景龙观钟铭》，可以看出个别字中出现篆隶书的体势。笔者认为，清初人心目中的篆隶体势应是当时流行的《曹全》

---

① [清] 朱彝尊：《金石文字跋尾》，《石刻史料新编》，新文丰出版有限股份公司，1986年版，第1辑，第25册。

② [清] 王昶：《金石萃编》，中国书店出版社，1985年版，卷三十三之五。

③ [清] 杨宾：《大瓢偶笔》，《历代书法论文选续编》，上海书画出版社，1993年版，第461页。

④ [清] 曾熙：《游天戏海室雅言》，崔尔平编：《明清书论集》，上海辞书出版社，2011年版，第1467页。

⑤ [清] 顾炎武：《金石文字记》，文物出版社，1991年，第400页。

《乙瑛》等汉碑体式，或是清初人自己所写的体势。明末清初学者以晋人笔意为宗，也多认为晋唐书法根源篆隶。正因两方面都不符合，故赵崡认为《李仲璇》"时作篆笔，间以分隶，形容奇怪"①，郭宗昌认为江式《书表》所云"篆形错谬，隶体失真"②正符合《李仲璇》，所言分别用"笔""体"指称。朱彝尊跋《李仲璇碑》云："杂大小篆分隶于正书中。"③均言篆隶之法的重要性。

清初的帖学风气和雅正的审美观念占据着书坛的主要位置，帖学的古雅淳美依然是文人书家的首选，碑刻中的"古意"尚不能引起清初文人的审美兴趣。翁振翼云："六朝人书有雄古意，然变化不及晋法。"④在清初帖学独统时期，北碑所处的位置非常尴尬，它既不能取得与帖学同等重要的地位，也不能成为帖学发展的附庸。由于北碑的审美价值并没有被确立下来，而此时期士大夫对北碑的审美观照仅仅局限于北碑的艺术风格，其实质在于帖学对北碑系统的排斥。

此外，碑派立场很重要的一点就是，北碑中所蕴含的篆隶遗意就是中原古法，就是古意。他们所崇尚的"古法"来源于篆隶，来源于碑版，来源于北朝。至于"古"，白谦慎认为"古意的获得，又和我们对书法史的理解有关，有当时的文字遗迹作参照"⑤。

事实上，碑派理论上的两大家阮元、包世臣站在碑派的立场上，

---

① [明]赵崡：《石墨镌华》，见《石刻史料新编》，新文丰出版有限股份公司，1986年版，第1辑，第25册。
② [明]郭宗昌：《金石史》卷一，《石刻史料新编》，新文丰出版有限股份公司，1986年版，第3辑，第39册。
③ [清]朱彝尊：《金石文字跋尾》，《石刻史料新编》，新文丰出版有限股份公司，1986年版，第1辑，第25册。
④ [清]翁振翼：《论书近言》，《历代书法论文选续编》，上海书画出版社，1993年版，第445页。
⑤ 白谦慎：《与古为徒与娟娟发屋》，湖北美术出版社，2003年版，第42—43页。

都极力主张篆隶遗意。只是阮元认为此法"东晋已多改变，无论宋、齐矣"，欲寻此法，只有从北碑中见。包世臣则认为"虞、欧、徐、陆、李、颜、柳、范、杨，字势百变，而此法不改"。而对宋（除苏轼）、元、明书法大加贬低。实际上，包世臣也主张从墨入毫，从北碑中得其篆分遗意，只是他没有排除唐碑而已。从这点来看，他不但没有"卑唐"，还有"尊唐"之意①。

实际上，阮元所说的"古法"是以隶法为基调的，故言前人书法及北碑必以是否存有古法作为评判条件之一：

李邕碑版名重一时，然所书《云麾》诸碑，虽字法半出北朝，而以行书书碑，终非古法。②

北派出于索靖之隶法，何尝出于钟、王哉。凡字中微带隶意者，皆是北派。……而第十叶"扫"字"和"字犹存隶意，与登善之常带隶意者渊源显见。……③

清代的碑学书法，使我们看到了碑派学术的立场化。这种立场化的确立，使得其成为与帖学派相抗衡的重要一派。中原古法与碑派立场的趋同化是碑学命题得以确立的唯一路径。而碑派的"中原古法"是仅限真书的书写而言的，阮元对李邕的行书入碑，也以"终非古法"加以评定。以古法、古意、古拙为审美趣味的碑学审美特征，已经被广大的文人书家所认可。

若要把篆隶遗意引入到创作中来，就得在北碑中找到有代表性的碑刻来。包世臣在论及北魏书时讲到，《经石峪》大字、《云峰山五言》《郑文公碑》《刁惠公志》为一种，皆出《乙瑛》，有云鹤海鸥之态。

---

① 金丹：《包世臣书学批评》，荣宝斋出版社，2007年版，第141页。

② 以上引用均出自阮元：《北碑南帖论》，《揅经室三集》卷一，《复程竹盦编修邦宪书》，又见《历代书法论文选》下册，第635—637页。

③ [清]阮元：《唐魏栖梧书善才寺碑跋》，日本三井文库藏。转引自金丹：《包世臣书学批评》。

《张公清颂》《贾使君》《魏灵藏》《杨大眼》《始平公》各造像为一种，皆出《孔羡》，具龙威虎震之规。[①] 并把所列之北碑的源头直指隶书，均出《孔羡》一碑。这种逻辑上的推演，显然有些牵强，但我们不难看出包世臣为了追求自身的碑派立场，可谓煞费苦心。

对其篆隶遗意创作上的用笔，包世臣以中锋竖画为篆意，铺毫横画为隶意。然而，在实际的创作中，文人书家认同了中原古法的碑派立场，在用笔的实践上，包世臣所倡导的用笔法并没有获得广泛的认同。阮元的弟子何绍基就对包世臣提出了批评，"包慎翁之写北碑，盖先于我二十年，功力既深，书名甚重于江南，从学者相矜以包派，余以横平竖直四字绳之，知其于北碑未为得髓也"[②]。

由于在用笔上缺乏统一的标准，这也给碑学的创作留下了较多的弊端，造成了学如牛毛，成如麟角。因为古拙意味的审美感受，还是要依赖于一定的用笔来完成，后学者虽然拥有审美感的趋同，但缺乏对碑派用笔方法的定位，这样也同样导致学碑者的个人风格过于鲜明。这种鲜明的个性化风格，为书家之间的相互借鉴，带来了难度。

二、魏碑与唐碑的争胜

清末康有为在《广艺舟双楫》中指出了清代书家宗法的几个阶段，"国朝书法，凡有四变：康雍之世，专仿香光；乾隆之代，竞讲子昂；率更贵盛于嘉道之间；北碑萌芽于咸同之际"。这种前后发展的过程，无疑魏碑与唐碑的争胜不可避免，北碑属于楷书系统，而唐碑所代

---

① ［清］包世臣：《历下笔谭》，《包世臣全集·艺舟双楫》卷五，论书一，第381页。

② ［清］何绍基：《跋魏张黑女墓志拓本》，《东洲草堂文钞》卷九，《续修四库全书》1529册，第213页。

表的楷书高峰在文人书家那里已经形成共识。康有为为了抬高北碑的审美价值，提出了卑唐的观点。然而，碑学理论的建立也并非一帆风顺，在碑学观念确立的同时，魏碑与唐碑始终存在争胜的情况。厘清与唐碑的关系，依然是阐释北碑必须要面临的问题。

（一）与唐碑的优劣之争

祝嘉在《书学史》中指出："宣宗（道光帝）字尚工整，欧虞褚颜代之而兴，于是唐碑盛行一时矣。"[①]清代关于北碑与唐碑的争锋，可以从雍正朝以来文人书家对唐碑的评价中窥其端倪，清代钱泳认为北碑"大半为俗工刻坏，故后人皆宗唐法"[②]。将北碑之失归结于刻工的问题。钱泳虽然较早接受了阮元的碑学理论，但是他仍宗唐碑，所以又说：

> 今之学书者，自当以唐碑为宗。唐人门类多，短长肥瘦，各臻妙境；宋人门类少，蔡、苏、黄、米，俱有毛疵，学者不可不知也。[③]

同样，梁章钜也崇尚唐碑，他认为：

> 今人学书，且须从唐人入手，如欧阳之《醴泉铭》（图 4-3）《皇甫碑》《温虞公碑》，颜之《多宝塔碑》（图 4-4），柳之《玄秘塔碑》（图 4-5），皆可为初学门径，逐日临摹。若欧阳之《化度寺碑》今无善本，翻刻本皆失真。颜之《家庙碑》《宋广平碑》

---

① 祝嘉：《书学史》，岳麓书社，2011 年版，第 270 页。
② [清]钱泳：《两晋六朝碑》，《履园丛话》卷九，《历代笔记书论汇编》，江苏教育出版社，1996 年版，第 461 页。
③ [清]钱泳：《书学》，《历代书法论文选》，上海书画出版社，1979 年版，第 622 页。

图 4-3　欧阳询《九成宫醴泉铭碑》局部

图 4-4　颜真卿《多宝塔碑》局部

图 4-5　柳公权《玄秘塔碑》局部

字体过大，不便初学。此外，如虞永兴之《庙堂碑》，结体浑穆，未易攀跻，且西安、成武二本，亦皆非原石。褚河南之《雁塔教序》《房梁公碑》，虚和圆健，非可以形迹求。此数种本，皆极好之楷则。然必须将《醴泉铭》等种立定脚跟，再进而学此数种，方有把握。惟乡僻寒儒，岂能尽得佳帖？①

沈道宽也认为：

唐贤碑版，照耀寰区，大家如虞、褚、颜、柳、渤海、会稽父子。李北海、张司直等无论也，其余佳者尚多。②

从上面三人的论述可以看出，唐碑在嘉道时期仍受推崇，康有为《广艺舟双楫·干禄第二十六》中认为道光之后"杂体并兴，欧、颜、赵、柳诸家揉用"③。《归朴龛文稿》云："嘉庆馆阁书多宗赵承旨，先生（郭尚先）独宗率更，后进争相仿效，京师书法为之一变。"④馆阁体的书风及书写效果影响到了士大夫的学书风尚，毕竟馆阁体书法与士人的科举命运紧密相连。康有为也提到："嘉道之间，以吴兴较弱，兼重信本，故道光季世，郭兰石、张翰风二家大盛于时。"⑤可以看出，从雍正末年直至嘉道时期，唐碑始终占据书坛的主要地位，并且在道光时期还出现了一批以唐碑显名的馆阁书家。

清代书学，祝嘉先生以咸丰朝为界，咸丰以前为帖学期，咸丰以后为碑学期。物极必反，咸丰时帖学已衰至极，而恰逢碑学大兴，

① [清]梁章钜：《退庵随笔》，《明清书法论文选》，上海书店出版社，1994年版，第808页。
② [清]沈道宽：《八法筌蹄》，《明清书法论文选》，上海书店出版社，1994年版，第798页。
③ [清]康有为：《广艺舟双楫》，《历代书法论文选》，上海书画出版社，1979年版，第863页。
④ [清]李放：《皇清书史》卷三十一，《清代传记丛刊》，明文书局，1985年版，第84册，第496页。
⑤ [清]康有为：《广艺舟双楫》，《历代书法论文选》，上海书画出版社，1979年版，第863页。

书道中兴，遂与唐碑争胜。此时，学碑倡导者已经看到了唐碑的弊端所在，卑唐的观念开始出现。嘉庆时朱履贞认为"唐世，摹书之人，内廷供奉，镌碑之人，非有爵位，即为名士。是以唐人以上，碑刻甚精"①。虽然沈树墉1871年已经看到"欧颜碑在北宋时已多剥蚀，然全是真气贯注，自被后人磨洗，欧书日瘦削，颜书日肥重，非复庐山真面目矣"②。胡元常也言"汉碑多剥蚀，破碎处易于描摹；唐碑多清朗，转折处诚难取肖"③。直至康有为才偏激地认为"良以世所盛行，欧、虞、颜、柳诸家碑，磨翻已坏，名虽尊唐，实则尊翻变之枣木耳"④，"所恶于《九成》《皇甫》《虞恭公》者，非恶之也，以碑石磨坏，不可复学也"⑤。碑学倡导者对唐碑的批评，集中于剥蚀翻坏，已非本来面目，唐碑虽好而失于本真，这使得书家在取法唐碑问题上，陷入了两难境地。碑学倡导者对唐碑之弊端可谓抓到了要害之处。

有的学碑倡导者并没有把北碑与唐碑绝对对立起来，而是从笔法上去勾连二者之间的关系，这种同源意识为以后的碑帖兼重做了先期的铺垫。1862年何绍基跋《道因碑》拓本云："楷法则由北朝求篆分入真楷之绪，知唐人八法以出篆分者为正轨。"⑥看来，何氏还是肯定了欧阳通、颜真卿、李邕三人书法与北碑的关系。1872年杨守敬跋《九成宫醴泉铭》云，"文昌潘先生孺初语余云：……欧

① [清]朱履贞：《书学捷要》，《历代书法论文选》，上海书画出版社，1979年版，第605页。
② [清]沈树墉：《汉石经室金石跋尾》，《石刻史料新编》，新文丰出版有限股份公司，1986年版，第3辑，第38册，364页。
③ [清]胡元常：《论书绝句六十首序》，《明清书法论文选》，上海书店出版社，1994年版，第829页。
④ [清]康有为：《广艺舟双楫》，《历代书法论文选》，上海书画出版社，1979年版，第815页。
⑤ [清]康有为：《广艺舟双楫》，《历代书法论文选》，上海书画出版社，1979年版，第865页。
⑥ [清]何绍基：《东洲草堂书论钞·跋道因碑拓本》，《明清书法论文选》，上海书店出版社，1994年版，第845—846页。

书是北朝体，犹存分隶遗意"①。1874年汪鋆跋《牛橛造像》云："此碑书法纯正，无一点北朝习气，是率更而从出也。"②1873年刘熙载认为"唐欧、虞两家书，各占一体。然上而溯之，自东魏《李仲璇》《敬显隽》二碑，已可观其会通"③。

碑学的艺术实践滞后于碑学理论的快速发展，此时，对北碑的接受与临习并没有形成热潮，但是对碑学的认知在士大夫中间却悄然兴起，即便是阮元的友人，对北碑的接受也是渐进的。龚自珍是阮元的晚辈，与包世臣订交，两人的北碑理论对他均有影响。道光二年（1822），龚氏有诗《投包慎伯世臣》："郑人能知邓析子，黄祖能知祢正平。乾隆狂客发此议，君复掉磬今公卿。"可见他支持包世臣的北碑

图4-6 《瘗鹤铭》局部

理论。1828年龚氏在书斋中悬挂了《瘗鹤铭》④（图4-6）和《文殊般若经》，并有诗句："南书无过《瘗鹤铭》，北书无过《文殊经》。"1840

---

① [清]杨守敬：《望堂金石初集》，《石刻史料新编》，新文丰出版有限股份公司，1986年版，第2辑，第4册，第2985页。

② [清]汪鋆：《十二砚斋金石过眼录》，《石刻史料新编》，新文丰出版有限股份公司，1986年版，第1辑，第10册，第7827页。

③ [清]刘熙载：《艺概》，《历代书法论文选》，上海书画出版社，1979年版，第702页。

④ 《瘗鹤铭》为江苏镇江焦山西麓著名的摩崖石刻，经宋代欧阳修《集古录》著录后，声名大显。清康熙五十一年（1712）冬由谪居镇江的陈鹏年将江中《瘗鹤铭》残石打捞出来，共得铭文86字，其中残字9个，全字77个，置于焦山定慧寺大殿左面。自打捞出水后，此铭拓本即有出水前本、出水后本之分。出水前江中捶拓多湮水。仲威：《善本碑帖过眼录续编》，文物出版社，2017年版，第126页。

年包世臣赠龚自珍《瘗鹤铭》。龚氏从 1822 年支持包世臣的碑学理论算起，18 年后，龚自珍才真正下决心学习北碑。

学碑倡导者以北碑中包含的"篆隶笔意"来阐释学习北碑的益处。莫友芝在《金石笔识》中云："《魏灵藏》《杨大眼》……横画多带分隶。"1868 年杨守敬评《马鸣寺根法师碑》[北魏孝明帝正光四年（523），出土于山东博兴县境内]时认为："魏碑多隶体，而亦多寒瘦气，求其神韵之佳者绝少。此独跌宕风流，尚在《萧憺碑》[①]之上。"[②] 1870 年至 1877 年，他将所搜集的汉魏六朝金石文字以双钩存神之法刻为《望堂金石》，指明下笔如折刀头，风骨凌厉，才是六朝真书。

此时，学碑倡导也将南碑纳入到研究的视野中来，在他们看来，南碑中同样具有北碑所包含的"隶意"。莫友芝同治期间编写的《宋元旧本经眼录附录》中认为《萧憺碑》"与北魏诸刻比，格韵相等，而稍朗润，盖南北书大同而小异，上承钟王，下开欧褚，皆在此碑"[③]。莫氏指出了南北碑在上承钟、王魏晋笔法，下开欧、褚唐楷风尚中扮演了重要的角色。此时南碑作为北碑的补充，被纳入到碑学家的研究范围内，南碑中"二爨"碑的面貌也加强了这种认识。出土于云南陆良县的南朝宋孝武帝大明二年（458）刻《爨龙颜碑》，在道光六年（1826）由阮元访得后，开始显露于世，但因地域偏远，拓本昂贵，道咸时期流传不广。同治之后，渐有文人评议，如谭献1862 年跋《爨龙颜碑》云："浑朴直接汉分，魏晋不足道矣。"[④] 张

---

① 《萧憺碑》，南朝贝义渊书，徐勉造。莫友芝曾拓此碑，比《金石萃编》多释出一千余字。

② [清]杨守敬：《激素飞清阁评碑记》，谢承仁主编：《杨守敬集》（第 8 册），湖北人民出版社、湖北教育出版社，1997 版，第 558 页。

③ 金其桢：《中国碑文化》，重庆出版社，2002 年版，第 228 页。

④ [清]谭献：《非见斋审定六朝正书碑目》，《石刻史料新编》，新文丰出版有限股份公司，1986 年版，第 3 辑，第 36 册，第 519 页。

得容 1872 年跋《爨龙颜碑》云：“此碑文体书法与晋《宝子碑》大致相类，并与北碑无异。此则楷法尤多，足见魏晋以后由隶变楷风会源流，凿凿可据。”① 从“直接汉分”“由隶变楷”的书学观念，可知谭、张二人均把《爨龙颜碑》作为隶体的衍流，而“与北碑无异”更指出了南北碑的相通之处。

　　至清末，沈曾植跋《敬史君碑》②云：“寻其出入缓急之踪，乃与《定武兰亭》颇资印证。固知江左风流，东魏浸淫最早也。”③ 便是明证。又云：“东魏书人，始变隶风，渐传南法，风尚所趋，正与文家温、魏向任、沈集中作贼不异。”④ 沈氏归纳总结了南北书风的融合问题，极具有书法史学意义。沈氏作为晚清重要的金石学者，对北碑的阐释与题跋可谓入木三分。南方的“二王”书风影响了东魏的铭石书，北方的楷法此时逐渐蜕化隶意，向成熟的楷法体式演变。

（二）对帖学的质疑到碑帖并重

　　由于碑学理论逐步完善，碑派书法日趋成熟，碑派书家们开始向占据权威地位的帖派书法提出质疑和挑战，逐渐使碑帖走向对立。1876 年杨守敬跋《旧馆坛碑》中云：“尔来金石家痛诋集帖，指《黄庭》《乐毅》为宋人所乱，激而求之北朝，洵称先觉。”⑤ 他在 1881 年与日本下部鸣鹤的笔谈中又提到：“好碑者多不好集帖，好集帖

---

① ［清］张得容：《二铭草堂金石聚》，《石刻史料新编》，新文丰出版有限股份公司，1986 年版，第 2 辑，第 3 册，第 2360 页。

② 《敬史君碑》，清代乾隆初在长葛县出土，石尚完好，仅缺十余字，乾隆十四年（1749）沈青崖刻跋于碑阴。

③ ［清］沈曾植：《海日楼书论》，《明清书法论文选》，上海书画出版社，1994 年版，第 928 页。

④ ［清］沈曾植：《海日楼书论》，《明清书法论文选》，上海书画出版社，1994 年版，第 928 页。

⑤ ［清］杨守敬：《望堂金石初集》，《石刻史料新编》，新文丰出版有限股份公司，1986 年版，第 2 辑，第 4 册，第 2935 页。

者多不好碑。"① 在 1892—1893 年编的《邻苏园帖·序言》中写到："近人好北碑，遂弃集帖于不顾。"② 但是在同光时期，以王羲之、王献之为代表的帖学仍居于书坛的正宗地位，1872 年张得容《二铭草堂金石聚》云，"窃尝谓代之言金石刻者有最不可解者……《兰亭》明知其无真迹，而举代皆欲以远裔之面貌冒远祖之形容"③。刘熙载在 1873 年《艺概》中也谈到："及宋太宗复尚二王，其命翰林侍书王著摹《阁帖》，虽博取诸家，归趣实以二王为主。以故艺林久而成习，与之言羲、献，则怡然；与之言悦、湛，则惘然。况悦、湛以下者乎？"④

早在道光时期，阮元就以《晋永和泰元砖》为据，提出当时"民间尚有篆、隶遗意"，"羲、献之体乃世族风流，譬之麈尾如意，惟王、谢子弟握之"⑤。同治以后，这种倾向尤为强烈。张得容 1872 年跋《爨龙颜碑》云："若晋人书法必当较宋齐以下更多古意，非若赵宋流传法帖，千篇一律，纯是后人笔意，毫无古致也。窃意唐太宗所见王右军书必与宋人所传不同，观初唐欧虞褚薛诸家书法尚带隶意可见。"⑥ 杨守敬 1878 年在《楷法溯源》中认为："集帖所载钟、王楷书，皆唐以后模拓，无分隶遗意，不足为据。"⑦ 两人均以"隶意"来否定钟王楷书。1889 年李文田跋《汪中旧藏〈定武兰亭序〉》提出：

---

① 杨立新：《杨守敬的碑帖并重思想》，《三峡大学学报》（人文社会科学版），2009 年 7 月，第 31 卷，第 4 期。

② 郗志群：《杨守敬学术研究》，首都师范大学博士论文，2001 年，第 54 页。

③ [清]张得容：《二铭草堂金石聚》，《石刻史料新编》，新文丰出版有限股份公司，1986 年版，第 2 辑，第 3 册，第 2418 页。

④ [清]刘熙载：《艺概》，《历代书法论文选》，上海书画出版社，1979 年版，第 697 页。

⑤ [清]阮元：《晋永和泰元砖字拓本跋》，《揅经室集·三集》卷一。

⑥ [清]张得容：《二铭草堂金石聚》，《石刻史料新编》，新文丰出版有限股份公司，1986 年版，第 2 辑，第 3 册，第 2360 页。

⑦ [清]杨守敬：《楷法溯源》，《杨守敬集》第 13 册，湖北人民出版社、湖北教育出版社，1997 年版，第 15 页。

"文尚难信，何有于字！且古称右军善书，曰'龙跃天门，虎卧凤阙'，曰'银钩铁画'，世无右军之书则已，苟或有之，必其与《爨宝子》《爨龙颜》相近而后可。"①此言可谓将《兰亭》的质疑推到风口浪尖。1911年杨守敬在《学书迩言·绪论》中云："今以晋之《爨宝子》、刘宋之《爨龙颜》、前秦之《邓太尉》《张产碑》，明是由分变楷之渐，而与右军楷书则有古今之别。故近来学者疑右军诸小楷为宋人伪作，但以六朝碑碣为凭。"②以碑眼看帖学之源头，以"篆隶笔意"的视角重新审视右军之法，不仅给学碑者找到了理论依据，还质疑了帖学之弊端。祝嘉在《书学史》指出："自碑学勃兴，一扫帖学纤弱衰颓之势，大家辈出，追攀高古，小而造像墓志，大而丰碑摩崖，无体不备，无妙不臻。"③同治、光绪间书家以"隶意""隶法"为标准去质疑宋人对钟、王楷书风格的篡改。在碑学倡导者看来，王羲之的楷书必带有晋人碑刻的书写特点，是一种隶楷的结合体，这种碑学认识反而忽略了王羲之在开创"今体"中的历史作用。

　　但是，书家在看到碑帖对立的同时，也提出了碑帖兼容的思想。包世臣也曾尝试将魏碑与帖学名家的书法勾连在一起，并指出："《李仲璇》《敬显隽》别成一种，与右军致相近，在永师《千文》之右，或出卫瓘而无可证验"，"《张猛龙》足继大令，《龙藏寺》足继右军"④。1868年杨守敬《评碑记》中评龙门五种云："阮元谓唐以前分南北二派，划然不相谋。余谓如此等南朝诚罕见，若《郑道昭》等之疏宕奇伟，与《瘗鹤铭》相似，《根法师碑》（图4-7）等之姿态艳丽，与《萧

---

① 　汪中藏《兰亭》定武本，文明书局影印本，转引自启功《兰亭帖考》，载《北京师范大学学报》（社会科学版），1962年1期。

② 　[清]杨守敬：《学书迩言·绪论》，《历代书法论文选续编》，上海书画出版社，1993年版，第712页。

③ 　祝嘉：《书学史》，岳麓书社，2011年版，第270页。

④ 　[清]包世臣：《艺舟双楫·述书中》，《历代书法论文选》，上海书画出版社，1979年版，第646页。

图 4-7　马鸣寺《根法师碑》

儋碑》相似，即献之《恒山铭》数字，亦与诸碑不甚远。至于各有面目，则古今皆然，不独南北朝也。"① 在杨守敬看来，帖与碑的相似处，不仅仅局限于北碑系统，前朝的碑刻亦有帖学的基因。需要说明的一点，民国八年（1919）十月，邹安在所藏《根法师碑》拓本中题跋："《根法师碑》为眉山书法所自出，唐时习此者，惟日本《道澄寺梵钟铭》，实在坡翁之前。今碑字已剥蚀，此未断本，殊足珍也。"可见，碑帖兼容的思想宋代已有之。1868 年杨守敬在《激素飞清阁评帖记序》中云："夫碑碣者，古人之遗骸也，集帖者，影响也，精则为子孙，不精则刍灵耳。见刍灵不如见遗骸，见遗骸不如见子孙……故集帖之与碑碣，合之两美，离之两伤。"② 此时，杨守敬的碑帖观已经发生了改变，从原来的尊碑抑帖到后来的碑帖兼重。1876 年杨守敬在跋《旧馆坛碑》中又云："然谓二王微旨尽于梵碣造像之中，亦恐有间。悬此书以救北碑之偏，以证集帖之误，山阴矩矱，其庶几乎？"③

清代同治、光绪时期的重臣翁同龢可谓是碑帖兼容的代表，他的书法早年出自帖学系统，而后他又吸收了北碑的优长，巧妙地将

① ［清］杨守敬：《激素飞清阁评碑记》，谢承仁主编：《杨守敬集》（第 8 册），湖北人民出版社、湖北教育出版社，1997 版，第 556 页。

② ［清］杨守敬：《激素飞清阁评碑记序》，《杨守敬集》（第 8 册），湖北人民出版社、湖北教育出版社，1997 版，第 585 页。

③ ［清］杨守敬：《望堂金石初集》，《石刻史料新编》，新文丰出版有限股份公司，1986 年版，第 2 辑，第 4 册，第 2935 页。

碑帖二者融合起来，赋予了颜书更加苍老的一种韵味。此外，一些偏执一端的学碑者，如康有为、李瑞清，后来也回归了帖学。康有为晚年曾谈道："前作《书镜》有所为而发，今若使我再续《书镜》，又当尊帖矣。"[①]李瑞清在题跋中也云："余学北碑二十年，偶为笺启，每苦滞钝……比年以来，稍稍留意法帖，以为南北虽云殊途，碑帖理宜并究。"[②]康有为在推崇邓石如外，对集帖学大成的刘墉亦推崇。这是清末民初书坛向帖学回归的真实反映。

三、邓石如、何绍基的碑派书法实践

（一）邓石如的篆隶书法实践

邓石如之前，扬州八怪中李鱓、金农、郑板桥和西泠八家中的丁敬等人，取法隶书，或用乱石铺街之法，或用涩笔写行书，以碑破帖，以篆隶笔法入楷、入行，打开了一个局面。其目的在于一洗阁帖的流弊，他们开始向汉隶及六朝碑刻中寻求新的艺术趣味。至邓石如一出，他以比前人更扎实的篆隶功底，更加炉火纯青的篆隶入楷的书写水平，更加稳健成熟的书风，成为当时书写的典范，引领了一个时期的新书风。

邓石如隶书取法《华山》《张迁》等50余汉碑，篆书取法《石鼓》《泰山》和汉碑额等，一改清初烧毫、束毫的做法，大胆地用长锋羊毫临写秦汉魏碑，"斗起直落"，提按起伏，在技法上做出了新的突破。他在改变清初隶书轻灵生动、规整秀丽的做法上，比桂馥、

---

① 刘正成主编，王澄分卷主编：《中国书法全集》第78卷，荣宝斋出版社，1993年版，第7页。

② [清]李瑞清：《清道人论书嘉言录》，《明清书法论文选》，上海书店出版社，1994年版，第1068页。

图 4-8 邓石如篆书五言联

黄易更加彻底，其隶书结体紧密，貌丰骨劲，大气磅礴。邓氏以隶法作篆，突破了千年来玉箸篆的樊篱，篆书圆涩厚重，雄浑苍茫。乾隆五十五年（1790）邓石如进京，受到了刘墉、陆锡熊等一批京官的赞赏，其极具创变的书风在当时获得了上流阶层的认同。邓石如的篆隶书（图 4-8）并不是随意变体而来的，而是严格遵循全法汉碑，笔笔皆有来历，这也是后世书家对他的篆隶书大力推崇的原因。

包世臣在《完白山人传》中云："山人移篆分以作今隶，与《瘗鹤铭》《梁侍中石阙》[1]同法。"[2]李兆洛《养一斋文集》亦云："完白真书深于六朝人，盖以篆隶用笔之法行之，姿媚中别饶古泽。"[3]包、李二人都和邓石如有过交往。结合邓氏作品和《梁侍中石阙》的对比来看，很显然，邓氏吸收了北碑中的雄强厚重之气。邓氏用墨大胆，借墨色以显其浑厚，以隶书笔法入篆书，是借鉴了北碑中篆隶笔意的用笔特点。邓氏这种创作实践突破了唐代篆书的风貌，开创了一种新的篆书审美观。邓石如 62 岁所书的《庐山草堂记》篆书，既有帖学的圆润流转之美，又有北碑的沉雄朴厚之气。此外，包世臣认为邓氏书法得力于《瘗鹤铭》。

1781 年，39 岁的毕兰泉向邓石如索印，邓石如刻"意与古会"

---

① 即《萧憺碑》，全称《梁故侍中司徒骠骑将军始兴忠武王之碑》。额题《梁故侍中司徒骠骑将军始兴忠武王之碑》，贝义渊书。天监十八年（514）立。

② [清] 包世臣：《完白山人传》，《包世臣全集·艺舟双楫》卷六论书二，第 430—433 页。

③ [清] 李兆洛：《养一斋文集》，民国 25 年中华书局《四部备要》缩印本。

印赠他，毕氏回赠《瘗鹤铭》旧拓给邓。

　　清代书家中，包世臣和康有为首推邓石如，他们认为邓石如各体兼备，千年来无与比者。在北碑一类书风创作实践的道路上，邓石如书法笔力坚厚，他被后人认为是取法北碑成功的书家。早期虽有唐楷的味道，而后从魏碑入手，融合篆隶笔法，逐渐形成了自己独特的楷书风貌。包世臣将邓石如的楷书视若珍宝，并认为邓石如的楷书"自然高古"，融入了篆隶书的笔法。康有为也有相同的看法："夫精于篆者能竖，精于隶者能画，精于行草能点，能使转，熟极于汉隶及晋、魏之碑者，体裁胎息必古，吾于完白山人得之。"①何绍基、康有为、王潜刚、向燊等人就持这种观点。何绍基在《东洲草堂书论抄》中谈到在邓石如之后有许多书家开始跟随潮流学北碑："后学之避难趋易者，靡然从之，竞谈北碑，妙为高论。北碑方整厚实，惟先生（邓石如）之用笔斗起直落，舍易趋难，使尽气力不离故处者，能得其神髓，篆意草法时到两京境地矣。"②康有为认为邓石如于《始兴王碑》有所取法。康有为谓此碑为"峻美严整之宗"。又说："《始兴王碑》如强弓劲弩，持满而发。"③王潜刚认为"完白学北碑而于唐碑独取此碑（《述圣颂》）"④。向燊也提到："山人篆隶纯守汉人矩矱，楷书直逼北碑诸碑，不参唐人一笔，行草又以篆分之法入之，一洗圆润之习，遂开有清一代之宗。"⑤金丹先生认为邓石如用北碑改造欧体的痕迹也是显而易见的，加上他以篆隶笔法入楷书，为此

---

① [清]康有为：《广艺舟双楫》，《历代书法论文选》，上海书画出版社，1979 年版，第 790 页。

② [清]何绍基：《东洲草堂书论钞·书邓顽伯先生印册后为守之作》，崔尔平选编《明清书法论文选》，上海书店出版社，1994 年版，834 页。

③ [清]康有为：《广艺舟双楫》，《历代书法论文选》，上海书画出版社，1979 年版，第 833 页。

④ 王潜刚：《清人书评》，《历代书法论文选续编》，上海书画出版社，1993 年版，第 815 页。

⑤ 马宗霍：《书林藻鉴》，文物出版社，1984 年版。

后书家（包括包世臣）的魏体楷书作出了榜样。①

邓石如的楷书仅是具有开拓的贡献，即有着"筚路蓝缕，以启山林"之功，使清代书家们开始从师赵、董和唐碑转向对汉魏六朝碑刻的取法，启发了后代书家的楷书创作，在清代书法史乃至中国书法史上都有一定的意义。

（二）何绍基的碑派书法实践

图4-9　何绍基五言联
（晚年风格）

邓石如在篆隶书法方面取得的成绩无疑为后来书家进一步取法北碑指明了方向。何绍基本人对邓石如的书法是极其崇拜的，何氏在《书邓顽伯先生印册后，为守之作》中谈道："后见石如先生篆分及刻印，惊为先得我心，恨不及与先生相见，而先生书中古劲横逸、前无古人之意，则自谓知之最真。……惟先生之用笔，斗起直落，舍易趋难，使尽气力，不离故处者，能得其神髓，篆意章法，时到两京境地矣。"②

在邓石如艺术精神的感召下，何绍基把全部的精力投入到碑派书法创作的实践中来（图4-9）。他不仅把篆分笔意作为自己书法创作的观念，还把篆分笔意作为自己书法批评的标准。何绍基的宗法范围不仅仅局限于北碑，他对唐碑诸如颜真卿的《大唐中兴

---

① 金丹：《包世臣书学批评》，荣宝斋出版社，2007年版，第60页。

② ［清］何绍基：《何绍基诗文集》，岳麓书社，2008年版。

颂》、李邕的《李思训碑》、欧阳通的《道因法师碑》都兼容并蓄。也就是说，为了汲取更多篆分笔意的养料，他把汉碑、魏碑、唐碑均作为自己师法的对象。

何绍基早年楷法欧阳通《道因法师碑》，行书宗颜真卿的《争座位帖》，中年极意北碑，得力于《张黑女墓志》，晚年喜篆隶笔意，频临《张迁》《礼器》（图4-10）二碑。于周金汉碑，无不临摹，融入行楷，自成一家面貌。

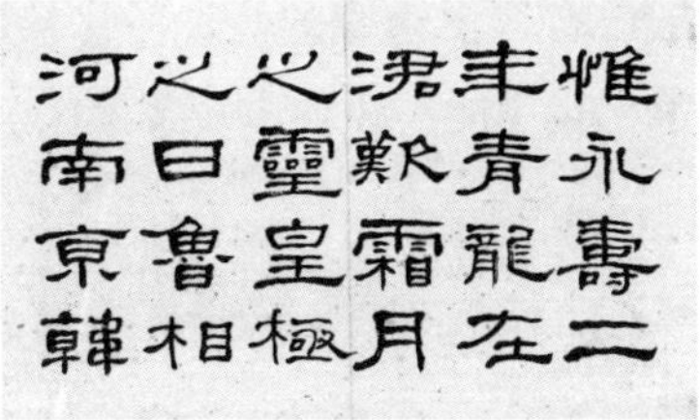

图4-10　何绍基临《礼器碑》

在师法北碑方面，何绍基是痴迷的，何绍基自谓"余学书四十余年，溯源篆分，楷法则由北朝求篆分入真楷之绪"①、"余学书从篆分入手，故于北碑无不习"②。为了寻求横画中的篆分笔意，他不惜改变自己日常书写的执笔方法，从李广"猿臂善射"法中悟出了"回腕高悬"的执笔方法。这种执笔方式要求运笔时将腕肘提起，手掌转折，形似拨灯。清咸丰四年（1854），何绍基在四川学政任上，写下了《猿臂翁》，系统地阐释了自己的执笔法。这种有悖于常理的执笔方法给何绍基的书写带来了意想不到的效果，增加了笔锋与纸面的摩擦力，使得线条更加逆、涩，为作品赋予了一种金石意趣。

何绍基于真书、隶书外，写于书札的行草极有魏晋书风的姿态，可见何绍基寝古之深。其所书的《重谒三苏祠诗稿》，抛弃了碑派迟涩的用笔，而以挥洒自运，贴合"二王"书风，有帖之韵味。他的书法格调既有唐人的法度，又有六朝人的风骨。

对于他的隶书，沙孟海先生也给予了很高的评价，沙氏讲道："他

---

① [清]何绍基：《跋道因碑拓本》，《东洲草堂文钞》卷十，《续修四库全书》1529 册，第 217 页。
② [清]何绍基：《跋国学兰亭旧拓本》，《东洲草堂文钞》卷九，《续修四库全书》1529 册，第 217 页。

的隶字的好处，在有一缕真气，用笔极空灵，极洒脱，看过去很潦草，其实他并不肯丝毫苟且的。至于他的大气盘旋处，更非常人所能望其项背。他生平遍写各体隶碑，对于《张迁》的功夫最深。他的境界，虽没有像伊秉绶的高，但比桂馥来得生动，比金农来得实在，在隶家中，不能不让他占一席位次。"①

四、包世臣、康有为与碑学范式的总结

（一）包世臣对碑学概念的发掘

清初对北碑的评价多集中于对"古意""耸拔"等审美形态的讨论，乾嘉之际则多关注"方劲""秀劲"等一类的审美形态。作为碑学的倡导者，阮元也认为魏碑"方严遒劲""格法劲正"。事实上这种评价，无法说明唐碑和北碑的本质区别。至于被认为"结体错综之妙"的《张猛龙碑》、"超妙入神"的《司马昞墓志铭》（现存西安碑林）、"散僧入圣"的《司马景和妻孟氏墓志铭》，在北碑中也属于少数。北碑所具有的"方整谨严"的书写形态在唐楷中比比皆是，并不是北碑所独有。此外，碑学家对北碑的挖掘不再仅仅局限于探究和唐碑的异同上，而是对北碑溯其源流，从汉魏晋唐名家笔法中去寻找北碑的内在基因。

首先，包氏论北碑时，多将北碑和帖学经典进行风格比较。包氏在1817年所作的《述书中》，赞同小仲（黄乙生）所说的"近世书鲜不阋墙操戈者，又言正书惟太傅《贺捷表》，右军《旦极寒》，

---

① 沙孟海：《近三百年的书学》，见《二十世纪书法研究丛书——历史文脉篇》，上海书画出版社，2000年版，第21页。

大令《十三行》是真迹"①，并进一步阐释，认为"《刁遵志》②足继太傅、河南《圣教序》，其书右行，从左玩至右，则字字相迎；从右看至左，则笔笔相背"③。而在"结构天成"的标准上，"《张猛龙》足继大令，《龙藏寺》足继右军"④。1819 年作《历下笔谭》时，他又认为"《郑文公碑》字独真正，而篆势、分韵、草情毕具"⑤，与"萧散骏逸"的南朝《瘗鹤铭》《梁侍中阙》殊途同归，然而后两碑存字甚少，故《郑文公碑》又胜过了后两碑。从包世臣对《郑文公碑》的审美发掘来看，有关碑学理论的阐释已经完全走向理性和成熟，而对《郑文公碑》中"篆势、分韵、草情"的描述，奠定了碑学的审美基调。刘恒先生指出："包氏用写碑的技法来达到帖学的审美效果，以此来证明自己的笔法亦属帖学正统，并得到社会的承认。"⑥

在他看来，"力求跌宕"正是钟、梁并起之后的风格，而不属此类风格的《般若碑》更是右军之前法物，这种风格的评价是立足于钟、王的。至此，包氏论碑常常撇开帖学（帖学书家）而单论北碑，他评价北碑云：

> 北朝隶书，虽率导源分篆，然皆极意波发，力求跌宕。凡以中郎既往，钟、梁并起，各矜巧妙，门户益开，踵事增华，穷情

① ［清］包世臣：《艺舟双楫·述书中》，《历代书法论文选》，上海书画出版社，1979 年版，第 646 页。

② 《刁遵墓志》刻于北魏熙平二年（517），雍正年间出土于河北省南皮县，出土时右下角已残，缺 150 余字。

③ ［清］包世臣：《艺舟双楫·述书中》，《历代书法论文选》，上海书画出版社，1979 年版，第 646 页。

④ ［清］包世臣：《艺舟双楫·述书中》，《历代书法论文选》，上海书画出版社，1979 年版，第 646 页。

⑤ ［清］包世臣：《艺舟双楫·历下笔谭》，《历代书法论文选》，上海书画出版社，1979 年版，第 651 页。

⑥ 刘恒：《中国书法史·清代卷》，江苏教育出版社，1999 年版，第 349 页。

尽致。而《般若碑》浑穆简静，自在满足，与《郙阁颂析里桥》同法，用意逼近章草，当是西晋人专精蔡体之书，无一笔阑入山阴，故知为右军以前法物，拟其意境，惟有香象渡河已。①

北朝人书，落笔峻而结体庄和，行墨涩而取势排宕。②

"结体庄和""取势排宕""出入收放、俯仰向背、避就朝揖之法""雍容宽绰"等评价，帖学里能够看到的书法特征，在北碑中同样能够看到，碑帖之间并无绝对的分水岭。包氏旨在强调北碑书法之优长。

包氏还提出北碑和唐楷在风格上的不同，"北碑字有定法，而出之自在，故多变态；唐人书无定势，而出之矜持，故形板刻"③。因此，北碑"自在""异态"的优点必然对书家的个性化书写大有裨益。虽然他也认为"近世北朝石志出土者多矣，字画率朴茂，（敛）分势而为之"④。但其视角更多的是从帖学经典出发，其目的是想在文人士大夫中让北碑取得与帖学同等重要的地位，来进一步阐述学碑有利于学帖的深入。

基于此种观念，包氏从北碑中所发掘的用笔技法也带有帖学的色彩，使当时文人取法北碑变得切实可行。包氏云：

北碑画势甚长，虽短如黍米，细如纤毫，而出入收放、俯仰向背、避就朝揖之法备具。起笔处顺入者无缺锋，逆入者无涨墨，

---

① ［清］包世臣：《艺舟双楫·历下笔谭》，《历代书法论文选》，上海书画出版社，1979 年版，第 651 页。

② ［清］包世臣：《艺舟双楫·历下笔谭》，《历代书法论文选》，上海书画出版社，1979 年版，第 653 页。

③ ［清］包世臣：《艺舟双楫·历下笔谭》，《历代书法论文选》，上海书画出版社，1979 年版，第 654 页。

④ ［清］包世臣：《题隋志拓本》，《包世臣全集·艺舟双楫》卷六，《论书二》。

每折必洁净，作点尤精深，是以雍容宽绰，无画不长。后人着意留笔，则驻锋折颖之处墨多外溢，未及备法而画已成；故举止匆遽，界恒苦促，画恒苦短，虽以平原雄杰，未免斯病。……若求之汇帖，即北宋枣本，不能传此神解……①

其目的要用北碑来传"二王"之"神解"，强调北碑与"二王"之间的潜在关系，其"顺入者无缺锋，逆入者无涨墨"的观点正是从帖学的视角来审视北碑。

其次，包氏从北碑中总结出隶书运笔的"峻"和"涩"：

北朝人书，落笔峻而结体庄和，行墨涩而取势排宕。万毫齐力，故能峻；五指齐力，故能涩。分隶相通之故，原不关乎迹象。长史之观于担夫争道，东坡之喻以上水撑船，皆悟到此间也。②

包氏不仅强调北碑起收笔近缘"二王"，还强调北碑运笔与隶书的渊源。包氏把二者结合起来，讲道："大凡六朝相传笔法，起处无尖锋，亦无驻痕，收处无缺笔亦无挫锋，此所谓不失篆分遗意者。虞、欧、徐、李、颜、柳、范、杨，字势百变，而此法不改。"③这种阐释回应了当时存在的两个现象：一是"后世书学既湮，石工皆用刀尖斜入，虽有晋、唐真迹，一经上石，悉成尖锋"④。二是写唐碑起笔处的驻锋写法，意在说明北碑保存了古人真面目。而"尖锋"

---

① [清]包世臣：《艺舟双楫·历下笔谭》，《历代书法论文选》，上海书画出版社，1979年版，第653页。

② 同上。

③ [清]包世臣：《跋荣郡王临快雪内景二帖》，《包世臣全集·艺舟双楫》卷五，《论书一》，第376页。

④ [清]包世臣：《艺舟双楫·述书中》，《历代书法论文选》，上海书画出版社，1979年版，第646页。

来自王羲之的"用尖锋须落笔混成，无使毫露浮怯"[①]，后面又搬出诸多唐楷大家，似乎已经告诉人们，欲学帖学笔法，必须从北碑入手。包氏从学理上，把北碑之优长与帖学正统勾连起来，为此，包氏还创造了"铺毫""裹笔"说，从技法上去架构碑学的体系。

最后，包世臣还提出了"中实""随字形大小为势""大小九宫"等技法理论。他通过贬低刻帖失真，强调了北碑符合"古人真面目"，并把北碑的源头上溯到《乙瑛》《孔羡》和卫瓘书风。这些理论都极大地提高了北碑的地位。郑孝胥认为："自安吴包慎伯《艺舟双楫》出，六朝以前碑刻，始与晋后嫌素同为后人所重视。"[②]张宗祥《书学源流论》也认为他"独其以帖学大昌之日，掉舌江湖之间，操笔斗室之内，论作书之法，辟古今之奥，不为模棱影响之谈，则碑学开山之功，非斯人其谁与归？"[③]可见，包氏在碑学理论建构方面的功绩不可低估。

（二）康有为对北碑书法的阐释立场

康有为在《广艺舟双楫》中以系统的碑学逻辑思维建构了一个完整的碑学体系，从自我的碑学立场出发重新梳理了碑、帖学之间的联系与区别。康有为虽然以尊碑为中心，但同时也坚持"二王"的帖学立场。事实上，在激进的碑学思想下，康有为对于宋、元、明的帖学并未完全持否定的态度，并未像卑唐那样予以彻底颠覆，还是最大程度地表示认同。

在康有为碑学的逻辑体系中，"二王"观、尊碑、卑唐是作为一个整体观念出现的，这是由康有为碑学思维决定的。当我们对三

---

① [东晋]王羲之：《书论》，《历代书法论文选》，上海书画出版社，1979年版，第28页。
② 郑孝胥：《海藏书法抉微》，《明清书法论文选》，上海书店出版社，1994年版，第935页。
③ 张宗祥：《书学源流论》，《历代书法论文选续编》，上海书画出版社，1993年版，第888页。

者之间的关系进行梳理时，发现三者之间有着很紧密的辩证关系。

1. "二王"观

在激进的碑学思想下，康有为对"二
王"书来源于汉魏，持一己说。康有为
就直言不讳地讲到自己的行书取《兰亭》
（图 4-11），正书取《张猛龙》，各极
其变化也①。康有为在 66 岁左右为《集
王圣教序》所作的跋文中讲到："《圣
教序》之妙美，至矣。其向背往来，抑
扬顿挫，后世莫能外，所以为书圣，观
此可见。此本如墨如新，而绝无拼配。
缘、慈不缺，夏、谢不损，出字半清晰，
海内所寡见，宋拓之环宝也。"

康有为对帖学大行的事实并不讳言，
在谈及明人的行草书时，对那些不知名

图 4-11　康有为行书五言联

的书家，发出了亦有可观处的评论。对于帖学的取法路径，康有为
讲到："学草书先写智永《千文》，孙过庭《书谱》千百过，尽得
其使转顿挫之法。形质具矣，然后求性情。笔力足矣，然后求变化。"
另外，康有为对王献之的书法评价极高，谈及行草之美时，以大令
书沉酣矫变，当为第一。在肯定"二王"书风的同时，对后世流变
中的"二王"书，康有为也提出了自己的看法，虽然"二王"书的
清新自然早已不复存在，取而代之的是媚俗靡弱。康有为分析说：
"自唐以后，尊二王者至矣。然二王之不可及，非徒其笔法之雄奇也，
盖所取资，皆汉、魏间瑰奇伟丽之书，故体质古朴，意态奇变，后

_____

① ［清］康有为：《广艺舟双楫》，《历代书法论文选》，上海书画出版社，2006 年版，第 834 页。

人取法二王,仅成院体,虽欲稍变,其与几何,岂能复追踪古人哉!"①

此外,康有为进一步指出学"二王"书已走向了书法的死胡同。

> 晋人之书流传曰帖,其真迹至明犹有存者,故宋、元、明人之为帖学宜也。夫纸寿不过千年,流及国朝,则不独六朝遗墨不可复睹,即唐人钩本,已等凤毛矣。故今日所传诸帖,无论何家,无论何帖,大抵宋、明人重钩屡翻之本。名虽羲、献,面目全非,精神尤不待论。②

> 右军所得,其奇变可想。即如《兰亭》《圣教》,今习之烂熟,致诮院体者。然其字字不同,点画各异,后人学《兰亭》者,平直如算子,不知其结胎得力之由。③

康有为指出了"结胎得力之由"的原因,是由于帖的翻刻本所导致的,失去了羲、献书法的本来面目。唐人学二王书之所以成功,盖所取资皆汉魏间瑰奇、伟丽之书的缘故。康有为标举王羲之及后世帖学家师承源流的目的,在于将帖学家纳入其碑学体系。康有为对《兰亭序》的论述不涉及真伪问题,而是着眼于"二王"之"体兼汉魏"说,将王羲之列入汉魏书法一派的帖学家,并认为"二王"之所以能够成为经典,是因为其笔法来源于"汉、魏间瑰奇、伟丽之书"。康有为还特别标举了传为王羲之《题卫夫人〈笔阵图〉后》中所描述的王羲之师承:"右军自言见李斯、曹喜、梁鹄、蔡邕《石经》、张昶《华岳碑》,遍习之。是其师资甚博,岂师一卫夫人,法一《宣

---

① [清]康有为:《广艺舟双楫》,《历代书法论文选》,上海书画出版社,2006年版,第794页。
② [清]康有为:《广艺舟双楫·尊碑》,《历代书法论文选》,上海书画出版社,2006年版,第754页。
③ [清]康有为:《广艺舟双楫·本汉》,《历代书法论文选》,上海书画出版社,2006年版,第796页。

示表》, 遂能范围千古哉! "①

2. 尊碑

康有为对碑学大兴有着自己的充分估计, 讲到: "迄于咸、同, 碑学大播, 三尺之童, 十室之社, 莫不口北碑, 写魏体, 盖俗尚成矣。"② 康有为并把碑学之兴视为清朝书法四变之一: "国朝书法, 凡有四变。 康、雍之世, 专仿香光; 乾隆之代, 竞讲子昂; 率更贵盛于嘉、道之间; 北碑萌芽于咸、同之际。至于今日, 碑学益盛, 多出入于北碑、率 更间, 而吴兴亦蹀躞伴食焉。"③事实上, 康有为所作的《广艺舟双楫》 还是得到了晚清文人们的认可。比如, 浙江南浔小莲庄碑刻题跋中 刘锦藻所题的《梅花仙馆藏真》中邓石如及当时的习篆现状情况的 跋语 [光绪二十一年 (1895)], 就参考了康有为的《广艺舟双楫》 中的论断④。

康有为在《广艺舟双楫》中首要表达的是他的尊碑思想, 并列出 了尊碑对于习书者的益处。"尊之者, 非其古也。笔画完好, 精神 流露, 易于临摹, 一也; 可以考隶楷之变, 二也; 可以考后世之源 流, 三也; 唐言结构, 宋尚意态; 六朝碑各体必备, 四也; 笔法舒 长刻入, 雄奇角出, 应接不暇, 实为唐、宋所无有, 五也。有是五者, 不亦宜于尊乎! "⑤康有为依此为据更是扩展到对所有魏碑的认可: "魏碑无不佳者, 虽穷乡儿女造像, 而骨血峻宕, 拙厚中皆有异态, 构字亦紧密非常, 岂与晋世当书之会耶? ……有后世学士所不能为

① [清]康有为:《广艺舟双楫·购碑》,《历代书法论文选》, 上海书画出版社, 2006年版, 第757页。

② [清]康有为:《广艺舟双楫》,《历代书法论文选》, 上海书画出版社, 2006年版, 第756页。

③ [清]康有为:《广艺舟双楫·体变》,《历代书法论文选》, 上海书画出版社, 2006年版, 第777页。

④ 黄辉:《博雅与真蓄——南浔小莲庄刻帖持有者的文化心态》, 见《全国第十届书学讨论会论文集》, 中州古籍出版社, 2014年版。

⑤ [清]康有为:《广艺舟双楫·尊碑》,《历代书法论文选》, 上海书画出版社, 2006年版, 第756页。

者，故能择魏世造像记学之，已自能书矣。"①在整个南北碑体系中，康有为最为推崇的仍然是北魏碑刻。在他眼中"北碑莫盛于魏，莫备于魏"，观魏碑"若游群玉之山，若行山阴之道，凡后世所有之体格无不备，凡后世所有之意态，亦无不备矣"②。康有为在确立魏碑体格无不备的情况下进一步挖掘魏碑的价值，"古今之中，唯南碑与魏为可宗，可宗为何？曰十美：一曰魄力雄强，二曰气象浑穆，三曰笔法跳越，四曰点画峻厚，五曰意态奇逸，六曰精神飞动，七曰兴趣酣足，八曰骨法洞达，九曰结构天成，十曰血肉丰美。是十美者，唯魏碑、南碑有之"。康有为对魏碑十美的概括是碑学理论体系构建初成后的一次高度总结，赋予了魏碑"崇高"之美。

事实上，康有为的"法古"思想是以尊魏为始终，本汉与崇晋则是围绕"尊魏"而展开的。为什么要"本汉"呢？"今欲抗旌晋、宋，树垒魏、齐，其道何由？必自本原于汉也。"在康有为看来，"汉人极讲书法"，"书至汉末，盖盛极矣。其朴质高韵、新意异态、诡形殊制，熔为一炉而铸之，故自绝于后世"。而康有为所推崇的魏晋碑刻造像，"虽野人之所书，笔法亦浑朴奇丽，有异态"，何也？是因为它们上承汉代"伟杰"古法的缘故。因此，"南北碑莫不有汉分意"。这就是魏碑之所以"无体不备""质实厚重，宕逸神隽"的原因。"今世所用号称真楷者，六朝人最工。盖承汉分之余，古意未变，质实厚重，宕逸神隽，又下开唐人法度，草情隶韵，无所不有。""六朝拓本，皆完好无恙，出土日新，略如初拓，从此入手，便与欧虞争道，岂与终身寄唐人篱下，局促无所成哉！"在明确了唐碑不可学的这一前提下，对唐碑中"有六朝法度者""古意未漓者"

---

① ［清］康有为：《广艺舟双楫》，《历代书法论文选》，上海书画出版社，2006年版，第827页。

② ［清］康有为：《广艺舟双楫·备魏第十》，《历代书法论文选》，上海书画出版社，2006年版，第807页。

也可学习，此话是在重申六朝碑刻的书法价值。

所以，从购碑开始就"当知握要"："南北朝之碑，无体不备，唐人名家，皆从此出，得其本矣，不必复求其末。"既然六朝笔法"迥绝后世"，"结体之密，用笔之厚，最其显著"，"笔画意势舒长"，"无不纵笔势之宕往"，而"自唐以来，局促褊急，若有不终日之势"。那么，要想在书法上借古开新、变法创新，自然是必须本汉尊魏。康有为提到尊碑时，讲到可以考隶楷之变，考后世之源流。讲隶楷之变，旨在无体不有，讲魏碑书法的丰富性，包括南北碑也无体不备。"知流变，通源流"是康有为在碑学体系中一个逻辑的生发点。这种逻辑推断同样也运用到对"二王"书法的论述上。

源流说是康有为整个碑学体系的一个逻辑基点，没有源头，碑学的构建就缺乏了根基。因此，康有为极力去建构一个属于碑学体系自身的一个书学源头。主观上，康有为不仅为碑学找到了一个源头，而且把"二王"为代表的晋人书法的源头也一并划到汉魏碑中来，习"二王"书，应知"右军之所师"，师右军书法须要师法汉魏，以唤起人们对魏碑书法的重新认同。虽然，这种划分与归纳，康有为带有很强的主观性，但符合康有为自身的书学逻辑思维。对于"二王"书法的溯源恰是伴随康有为尊碑、卑唐整体观念进行的，是康有为尊碑与"二王"观的一次并轨，是其碑学立场的又一次泛化。

3. 卑唐

唐楷与魏碑作为楷书系统中两个并存的字体，唐楷一直处于中心的位置，并在世人中形成了一种不可动摇之势。如果要想重新确立魏碑在世人中的地位，那就不可避免地要贬低唐楷的艺术价值，卑唐显然存在着一种贬低的心态。康有为很自然地指出了唐碑中的两大缺陷：

其一，千年以来，法唐碑者，无人名家。《卑唐第十二》："自宋明以来，皆尚唐碑，宋、元、明多师两晋。然千年以来，法唐者无人名家。"① 《导源第十四》："尝见好学之士，僻好书法，终日作字，真有如赵壹所诮五日一笔，十日一墨，领袖若皂，唇齿常黑者，其勤至矣，意亦欲与古人争道，然用力多而成功少者，何哉？则以师学唐人，入手卑薄故也。"②

其二，唐人书专讲结构，古意已漓。《体变第四》："夫唐人虽宗二王，而专讲结构则北派为多。然名家变古，实不尽守六朝法度也……宋称四家，君谟安劲，绍彭和静，黄、米复出，意态更新，而偏斜拖沓，宋亦遂亡。"《卑唐第十二》："（有唐）专讲结构，几若算子，截鹤续凫，整齐过甚。欧、虞、褚、薛，笔法虽未尽亡，然浇淳散朴，古意已漓；而颜、柳迭奏，渐灭尽矣。米元章讥鲁公书丑怪恶札，未免太过。然出牙布爪，无复古人渊永浑厚之意。"③ "自唐为界，唐以前之书密，唐以后之书疏；唐以前之书茂，唐以后之书凋；唐以前之书舒，唐以后之书迫；唐以前之书厚，唐以后之书薄；唐以前之书和，唐以后之书争；唐以前之书涩，唐以后之书滑；唐以前之书曲，唐以后之书直；唐以前之书纵，唐以后之书敛。学者熟观北碑，当自得之。"④ "然学以法古为贵，故古文断至两汉，书法限至六朝。若唐后之书，譬之骈文至四杰而下，散文至曾、苏而后，吾不欲观之矣。操此而谈，虽终身不见一唐碑可也。"⑤

为了让世人彻底断掉取法唐碑的念头，发出了"终身不见一唐碑可也"的呼声，在这里康有为已经完全站在了唐碑的对立一面。卑唐是为了更好地尊魏，卑唐作为一个概念也从属于康有为整个碑学体系中。在康有为那里，卑唐与尊魏作为一对范畴，都在碑学框

① ［清］康有为：《广艺舟双楫》，《历代书法论文选》，上海书画出版社，1979 年版，第 815 页。
② ［清］康有为：《广艺舟双楫》，《历代书法论文选》，上海书画出版社，1979 年版，第 822 页。
③ ［清］康有为：《广艺舟双楫》，《历代书法论文选》，上海书画出版社，1979 年版，第 812 页。
④ ［清］康有为：《广艺舟双楫·余论》，《历代书法论文选》，上海书画出版社，1979 年版，第 837 页。
⑤ ［清］康有为：《广艺舟双楫》，《历代书法论文选》，上海书画出版社，1979 年版，第 813 页。

架中扮演着不同重要的角色。

康有为是一位重要的碑派倡导者，由于特殊的时代原因，及康氏个人强烈的政治倾向，使得其书学思想闪耀着智慧的光芒。康有为在归纳前人之说的基础上，旗帜鲜明地表明了自己的碑学立场：弃帖尊碑，尊崇北碑，溯源两汉，借"干禄体"来否唐，还提出了新的碑学品评标准。这些都和康有为公羊学思想息息相关。康有为公羊学讲维新、托古改制之理念，同碑学中"求变""以复古为创新"相一致。康有为《广艺舟双楫》之思想的根基，正是康氏政治哲学的缩影，亦可说是康氏"通经致用"之实验。康有为不仅善于立论，更是一个身体力行的实践者，正是有着深入的书法实践，康有为以"执笔""缀法"二篇综论有关书法艺术的各种技巧。康有为在论述上条理清楚，思维缜密，这都来自于他对书法概念彼此之间关系的辩证思维：以复唐之古，弃阁帖之失真；以复魏晋六朝之古，来弥补唐拓之坏乱；以复汉之古，溯其源流。这些辩证思维，显然是康有为把论述的要点融合在碑学思维的大框架中，而论述的要点保持着各自的独立性。

余　论

中国石刻书法艺术是中华民族宝贵的历史文化遗产，它不仅具有石刻自身的历史遗存属性，还包含了丰富的历史信息和独特的艺术价值。随着历代石刻研究的不断深入，中国石刻研究成为了金石学的一个重要分支。

我国的碑学始于汉代，中兴于宋，兴盛于清代。清代碑学兴盛的局面，为碑派书法的创作带来了前所未有的历史机遇。从魏碑开始，扩展到整个北碑和六朝碑刻，最终到碑学体系的建立，碑学的框架无论是从理论体系，还是创作实践，都确立了碑学自身独特语言。这种碑学所倡导的审美价值独立于千年帖学 ① 的审美观念之外，碑学从发生到建构时间并不长，其后期发展的时效性却很持久，以至于在 20 世纪百年间，碑学与帖学半分天下，随之也带来了书法风尚的根本性改变。在当下书法创作的环境下，我们同样能够感知到碑学对书法创作的影响。

碑学的发生，溯其源流，循其脉络，成为碑学家必须面对的书法命题。一方面，丛文俊认为："魏碑体由通俗的写经书法中脱化

---

① "帖学"则指宋代《淳化阁帖》汇刻之后形成的崇尚钟繇、"二王"系统（包括唐碑）的书法审美观以及创作实践。张小庄：《赵之谦研究》，荣宝斋出版社，2008 年版，第 167 页。

而出。"①这强调了写经和魏碑体之间的共性与亲缘关系。另一方面，魏碑体也归属于北朝铭石书的体系中。铭石书因用途和功能需要，相较于官方文字的规范化用途，发展往往滞后于时代的新潮用字。尤其在晋宋、十六国和北魏前期，各地均有蜕化的铭石书，因官方对民间用字约束的松弛，北朝碑刻的文字式样明显带有大众化通俗用字的不规范。对于魏碑体的源流，丛文俊先生指出："魏碑体滥觞于蜕化铭石书，借力于写经，规范于士人楷法，既成样式与风格变化完成于凿刻的改造和掩饰，缺一不可。"②

对碑学进行系统的阐释与归纳是现代学术视角研究的结果。碑学是把魏碑以及整个北朝系统纳入到书法史后，进行的书法史学的一种理论建构。刘恒先生对碑学的内容与实质有过论述，他指出："碑学则专门从书法的角度研究金石碑版材料，考察书体文字的源流演进，风格技法的兴衰变迁，辨析拓本的先后优劣，评骘书家作品的水平高下和流派师承等等。"③碑学理论在阐释书法源流、扭转审美风气、开拓取法途径、总结经验技法及选择工具材料等各方面取得进展，形成一个完整而统一的书法艺术流派体系。在清代前中期金石考据之风的影响下，"前碑学"的关注点更多集中于商周、秦汉、六朝金石碑版。他们从金石碑版中看到了与帖学相异的一类书法风貌，并从艺术风格、审美价值等方面进行关注，这种前期对碑刻风格的挖掘，无疑对后来碑学的发生起到了铺垫作用。清代前中期对碑刻研究的对象，包括了商周秦汉以来的所有碑刻。因此，有的学者认为碑学应该是指有清以来推重商周、秦汉、六朝金石碑版的书

---

① 丛文俊：《魏碑体考论》，《揭示古典的真实——丛文俊书学、学术研究论集》，中州古籍出版社，2003年版。

② 同上。

③ 刘恒：《中国书法史·清代卷》，江苏教育出版社，1999年版，第199页。

法审美观及以之为取法对象的创作实践①。然而，清代早中期的士大夫受地域的限制，所见碑拓与实物有限，导致了论碑有目光狭隘、学术见解不高的情况。这是在研究清代金石学要区别对待的问题。

碑学观念和命题的确立，有赖于阮元、包世臣以及康有为等人的推波助澜。阮元的碑学思想，其渊源直接来自金石学②，阮元的《南北书派论》《北碑南帖论》提出了书法史上一个与帖派相对立的碑派系统："（阮）元二十年来留心南北碑石，证以正史，其间踪迹流派，朗然可见。"③南北碑刻补史料之缺失，无可厚非，但是其书法古拙之美却被人为地抬高了。分派理论是阮元对碑学理论建构的一次创举，其目的是想让碑学在文人士大夫中取得与帖学同样重要的合法地位。为了达到此种目的，他不惜将北碑与帖学名家作类比，强调其内在的亲缘关系。包世臣在笔法上为了进一步深挖北碑的书法价值，提出了"篆分遗意"说，其理论直接来自于阮元的"篆隶遗意"思想。从笔法层面去阐释篆隶笔意，是包世臣对碑学的另一创举。他认为："篆书之圆劲满足，以锋直行于画中也；分书之骏发满足，以毫平铺于纸上也。真书能敛墨入毫，使锋不侧者，篆意也；能以锋摄墨，使毫不裹者，分意也。有涨墨而篆意溢，有侧笔而分意漓。诚悬、景度以后，遂滔滔不可止矣！"④包世臣直言："古人论真行书，率以不失篆分意为上，后人求其说而不得，至以直点斜拂形似者当之，是古碑断坏，汇帖障目，笔法之不传久矣。"⑤以笔法来强调碑学的独特性，突出碑学之优长，这也为后来南北碑融合、碑帖兼重埋下了伏笔。碑学的用笔可以补帖学用笔之短，这一观念被后来的学碑

---

① 张小庄：《赵之谦研究》，荣宝斋出版社，2008 年版，第 167 页。

② 金丹：《阮元书学研究》，荣宝斋出版社，2012 年版，第 8 页。

③ ［清］阮元：《南北书派论》，见《揅经室三集》卷一。

④ ［清］包世臣：《答熙载九问》，《包世臣全集·艺舟双楫》卷五，《论书一》。

⑤ ［清］包世臣：《跋荣郡王临快雪内景二帖》，《包世臣全集·艺舟双楫》卷五，《论书一》。

书家所继承。沈曾植在《海日楼札丛》卷八中论述了行楷隶篆通变的重要性："篆参隶势而姿生，隶参楷势而姿生，此通乎今以为变也。篆参籀势而质古，隶参篆势而质古，此通乎古以为变也"①。此外，包世臣为了让北碑中蕴藏的隶意成为事实，不惜把北碑的源头导向汉隶："北魏书，《经石峪》大字，《云峰山五言》《郑文公碑》《刁惠公墓志》为一种，皆出《乙瑛》，有云鹤海鸥之态。《张公清颂》《贾使君》《魏灵藏》《杨大眼》《始平公》各造像为一种，皆出《孔羡》，具龙威虎震之规。"②何绍基可谓是此观念的践行者。何绍基学北碑亦主张引篆、隶意趣入楷书，有诗句云："肄书搜尽北朝碑，楷法原从隶法遗。"③尽管何绍基对包世臣在创作上的水平评价不高，但二人在宣传学习北朝碑刻、引篆隶遗意入楷书以及追求古拙生涩的审美趣味方面，在当时同属碑学一派，而且是最有影响的两位代表人物。④这种不随流俗、不溺旧说、另辟蹊径的见解，再经过包世臣的强化与宣扬，在书艺理论与实践上有一定的影响。它创立了"新"面貌，取得了新进展。⑤

康有为针对楷书系统中的北碑、唐碑，明确提出了"尊碑卑唐"的书学主张，进而指出了魏碑的可学之处。康氏对碑学理论的总结，于前期金石学家对北碑艺术风格和形式构成分析的基础上立论。在康氏看来，北碑的审美价值丝毫不低于帖学。同样，康氏也看到了刻帖翻刻对帖学发展之坏，体貌失真："二王真迹，流传惟帖；宋、明仿效，宜其大盛。方今帖刻日坏，《绛》《汝》佳拓，既不可得。

① [清]沈曾植：《海日楼札丛》卷八，华人德：《历代笔记书论汇编》，江苏教育出版社，1996年版，第571页。

② [清]包世臣：《历下笔谭》，见《包世臣全集·艺舟双楫》卷五，《论书一》。

③ [清]何绍基：《题〈张黑女墓志〉》，《何绍基诗文集》诗钞卷二十，岳麓书社，2008年版。

④ 刘恒：《中国书法史·清代卷》，江苏教育出版社，1999年版，第197页。

⑤ 曾宪就：《论康有为〈广艺舟双楫〉在书学上的贡献》，《广东教育学院学报》，1995年4期。

且所传之帖，又率唐、宋人钩临，展转失真，盖不可据云来为高曾面目矣。"① 康有为"尊碑卑唐"的思想，极大地推动了中国书坛的变革，在当时具有破旧立新的进步意义。他总结了碑学的理论，并强化了书写实践，其碑学主张在士大夫及民间广为传播。这种影响力使碑学成为有系统理论的一个流派，极大地丰富了中国书法理论范畴和书法创作实践。但是，康有为的碑学思想有其偏激的一面，其立论多有不符合实际之处。

康有为在《广艺舟双楫》中大力宣扬学碑之益处："驰思于万物之表，结体于八分以上，合篆、隶陶铸为之，奇态异变，杂沓笔端。操之极熟，当有境界，亦不患无立锥地也。吾笔力弱，性复懒，度不能为之。后有英绝之士，当必于此别开生面也。"② 康有为鼓吹碑学之长，从民国以来书法创作来看，是正确的。民国以来，碑学的创作实践，已经成为了书法创作的主流，一些面目各异的碑派风格犹如雨后春笋般涌现。书法实践证明，碑学创作确实走出了一种古拙雄健的书风，避开了帖学风格趋同的窘境。以碑学的用笔来写帖，再到后来的碑帖融合，是后期碑学发展的一个主流。孙洵在《民国书法篆刻史》一书中，列出了以北碑之法写帖的李瑞清、以北魏碑志写行草的于右任，还有碑帖兼写的沈尹默、张伯英，碑帖交融的书家沈曾植、郑文焯、曾熙、谢无量、徐生翁。除了孙洵所列书家外，梁启超、李叔同都是倡导书写北碑的书家，北京大学的钱玄同、刘半农、魏建功更是倡导写经体书法。

清代同治时期，学习北碑的热潮逐渐高涨，北碑艺术以全新的面貌进入了文人的视角，带来了新的审美观念。清代碑学兴起后，碑派书家和金石学家看到了北朝石刻中残破斑驳的艺术趣味，而赋

---

① [清]康有为：《广艺舟双楫》，《历代书法论文选》，上海书画出版社，1979年版。
② 同上。

以古意。沈曾植以北碑入颜书，苍老书风独树一帜；康有为以北碑雄强书风一扫帖学之靡弱。这些创作成绩无疑为碑学的发展起到了至关重要的作用。

对北碑之美的喜爱源于书家对求新求异审美观念的诉求，清代碑学以"古拙、雄强"为美，学碑书家也清醒地看到了帖学之短，尤其是帖学在大字书写上的弊端。他们结合时代对新书风的期望，创作出了一批具有碑派风格的作品，并且他们对碑学理论的全面阐释启发了人们对南北碑刻的再认识，引导更多的士大夫投入到碑派书法的队伍中去。北朝碑刻作为中华文化的宝贵历史遗产，挖掘其历史信息、人文精神、书法内涵，碑学无疑担负起了这一历史使命。

主要参考文献

论著

[唐] 李延寿 . 北史 [M]. 北京：中华书局，1974.

[北齐] 魏收 . 魏书 [M]. 北京：中华书局，2017.

[清] 叶昌炽，王其祎校点 . 语石 [M]. 沈阳：辽宁教育出版社，1998.

[清] 李放 . 皇清书史，清代传记丛刊 [M]. 台北：明文书局，1985.

[清] 赵尔巽等 . 清史稿 [M]. 中华书局，1976.

[清] 徐珂编撰 . 清稗类抄（第九册）[M]. 北京：中华书局，1986.

[清] 翁方纲 . 复初斋文集 [M]. 台北：文海出版社，1969.

[清] 杨守敬 . 杨守敬集（第八册）[M]. 武汉：湖北人民出版社、湖北教育出版社，1997.

[清] 王昶 . 金石萃编 [M]. 北京：中国书店出版社，1985.

罗振玉，王国维 . 流沙坠简·简牍遗文考释 [M]. 北京：中华书局出版社，1993.

欧阳辅 . 集古求真 [M]. 中国书画研究会出版，1971.

祝嘉 . 书学史 [M]. 长沙：岳麓书社，2011.

胡传海 . 翁同龢的生平及其艺术 [M]. 上海书画出版社，2005.

张宝玺 . 北凉石塔艺术 [M]. 上海辞书出版社，2006.

张永强 . 从长安到敦煌——古代丝绸之路书法图典 [M]. 杭州：西泠印社出版社，2020.

刘恒 . 中国书法史·清代卷 [M]. 南京：江苏教育出版社，1999.

刘涛 . 魏晋书风——魏晋南北朝书法史札记 [M]. 广州：广东人民出版社，2019.

沈建中 . 北山楼金石遗迹·北山楼藏碑经眼百品 [M]. 上海：华东师范大学出版社，2021.

汤用彤 . 汉魏两晋南北朝佛教史 [M]. 北京大学出版社，1997.

赖非 . 山东北朝佛教摩崖刻经调查与研究 [M]. 北京：科学出版社，2007.

华人德 . 华人德书学文集 [M]. 北京：荣宝斋出版社，2008.

中国简牍集成编委会编 . 中国简牍集成 [M]. 兰州：敦煌文艺出版社，2005.

刘涛 . 中国书法史·魏晋南北朝卷 [M]. 南京：江苏教育出版社，2007.

丛文俊编 . 好大王碑暨十六国北朝刻石书法研究 [M]. 长春：吉林文史出版社，2006.

赖非 . 书法类型学的初步实践 [M]. 深圳金屋出版公司，2003.

裘锡圭 . 文字学概要 [M]. 北京：商务印书馆，1988.

启功 . 古代字体论稿 [M]. 北京：文物出版社，1999.

中国书法家协会编 . 现代书法论文选 [M]. 上海书画出版社，1980.

王元军 . 六朝书法与文化 [M]. 上海书画出版社，2002.

山东石刻艺术博物馆编 . 北朝摩崖刻经研究 [M]. 济南：齐鲁书社，1991.

焦德森编著 . 北朝摩崖刻经研究（三）[M]. 呼和浩特：内蒙古人民出版社，2006.

上海书画出版社编 . 二十世纪书法研究丛书·历史文脉篇 [M]. 上海书画出版社，2008.

敦煌研究院编 . 敦煌书法库（一）[M]. 兰州：甘肃人民出版社，1995.

沈乐平 . 敦煌书法综论 [M]. 杭州：浙江古籍出版社，2009.

饶宗颐主编 . 饶宗颐二十世纪学术文集 [M]. 台北：新文丰出版股份有限公司，2003.

敦煌研究院编 . 敦煌书法库（二）[M]. 兰州：甘肃人民出版社，1995.

熊秉明 . 中国书法理论体系 [M]. 天津：天津教育出版社，2002.

北京图书馆金石组编：北京图书馆藏中国历代石刻拓本汇编 [M]. 郑州：中州古籍出版社，1989.

王宁 . 汉字构形学讲座 [M]. 上海：上海教育出版社，2002.

山东省石刻艺术博物馆编 . 北朝摩崖刻经研究（续）[M]. 香港天马图书有限公司，2003.

赖非 . 中国书法全集（12 卷）[M]. 北京：荣宝斋出版社，2000.

河北涉县文物旅游局编 . 女娲文化摩崖刻经论文集 [M]. 内部资料，2005.

赵立春编著 . 河北响堂山北朝刻经书法 [M]. 重庆：重庆出版社，2003.

赖非 . 书法环境——类型学 [M]. 北京：文物出版社，2003.

长沙市文物考古研究所等 . 长沙走马楼三国吴简 [M]. 北京：文物出版社，1999.

华东师范大学古籍整理研究室 . 历代书法论文选 [M]. 上海书画出版社，1979.

政协邯郸市峰峰矿区委员会编.响堂山石窟艺术 [M].北京：中国文史出版社，2010.

巫鸿主编.汉唐之间的宗教艺术与考古 [M].北京：文物出版社，2000.

刘淑芬.中古的佛教与社会 [M].上海古籍出版社，2008.

丛文俊.中国书法史·先秦秦代卷 [M].南京：江苏教育出版社，2007.

赵超.古代石刻 [M].北京：文物出版社，2001.

罗宗真.魏晋南北朝考古 [M].北京：文物出版社，2001.

王宁.汉字构形学讲座 [M].上海：上海教育出版社，2002.

华人德.华人德书学文集 [M].北京：荣宝斋出版社，2008.

丛文俊.揭示古典的真实——丛文俊书学学术研究论集[M].郑州：中州古籍出版社，2003.

中国大百科全书考古卷（墓志词条）[M].北京：中国大百科全书出版社，1986.

毛远明.碑帖文献学通论 [M].北京：中华书局，2009.

李发林.中国古代石刻丛话 [M].济南：山东教育出版社，1997.

赖非.齐鲁碑刻墓志研究 [M].济南：齐鲁书社，2004.

徐吉军.中国丧葬史 [M].南昌：江西高校出版社，1998.

赵万里.汉魏南北朝墓志集释 [M].桂林：广西师范大学出版社，2008.

吴松等点校.梁启超饮冰室文集 第六集（金石跋部分）[M].昆明：云南教育出版社，2001.

王壮弘，马成名.六朝墓志检要 [M].上海：上海书画出版社，1985.

王贵元.马王堆帛书汉字构形系统研究 [M].桂林：广西教育出版社，1999.

徐无闻 . 徐无闻文集 [M]. 北京：文物出版社，2003.

现代书法论文选 [M]. 上海：上海书画出版社，1986.

李砚祖 . 装饰之道 [M]. 北京：中国人民大学出版，1993.

陈道义 . 书法·装饰·道——古代汉字书法装饰之道 [M]. 北京：文物出版社，2009.

王元军 . 汉代书刻文化 [M]. 上海：上海书画出版社，2007.

罗振玉、王国维 . 流沙坠简·简牍遗文考释 [M]. 北京：中华书局出版社重印本，1993.

王凤阳 . 文字学 [M]. 长春：吉林文史出版社，1989.

姜宝昌 . 文字学教程 [M]. 济南：山东教育出版社，1987.

陆明君 . 魏晋南北朝碑别字研究 [M]. 北京：文化艺术出版社，2009.

陈淑梅 . 东汉碑隶构形系统研究 [M]. 上海教育出版社，2005.

赵平安 . 隶变研究 [M]. 石家庄：河北大学出版社，2009.

赵超 . 古代墓志通论 [M]. 北京：紫禁城出版社，2003.

华人德 . 六朝书法 [M]. 上海：上海书画出版社，2003.

黄文杰 . 秦至汉初简帛文字研究 [M]. 北京：商务印书馆，2008.

朱立元 . 接受美学 [M]. 上海：人民出版社，1989.

杨家骆主编 . 清人书学论著 [M]. 台北：世界书局，1962.

崔尔平选编 . 明清书法论文选 [M]. 上海：上海书店出版社，1994.

华人德主编 . 历代笔记书论汇编 [M]. 南京：江苏教育出版社，1996.

马宗霍 . 书林藻鉴 [M]. 北京：文物出版社，1994.

陆增祥 . 八琼室金石补正 [M]. 北京：文物出版社，1985.

方若原著，王壮弘增补 . 增补校碑随笔（修订本）[M]. 上海：上海书店出版社，2008.

周睿.儒学与书道——清代碑学的发生与建构 [M].北京：荣宝斋出版社，2007.

金丹.包世臣书学批评 [M].北京：荣宝斋出版社，2007.

侯开嘉.中国书法史新论 [M].上海：上海古籍出版社，2003.

论文

刘延玲."字体"与"书体"论辩 [J].书法研究，2001，2.

李裕群.邺城地区石窟与刻经 [J].考古学报，1997，4.

河南省古代建筑保护研究所.河南安阳灵泉寺石窟及小南海石窟 [J].文物，1988，4.

赵立春.响堂山石窟北朝刻经试论 [J].文物春秋，2003，4.

马忠理等.涉县中皇山北齐佛教摩崖刻经调查 [J].文物，1995，5.

赵立春.从文献资料论响堂山石窟的开凿年代 [J].文物春秋，2002，2.

刘东光.响堂山石窟的凿建年代及分期 [J].华夏考古，1994，2.

赵凯球.魏晋南北朝时期山东佛教概说 [J].文史哲，1994，3.

鄂城县博物馆.湖北鄂城四座吴墓发掘报告 [J].考古，1982，3.

段雪莲.北朝石刻隶书研究 [D].华东师范大学硕士论文，2008，6.

商承祚.论东晋的书法风格并及《兰亭序》[J].中山大学学报，1966，1.

尤丽莎.北朝六世纪邺城近畿与泰峄山区佛经之关系 [D].中国美术学院硕士论文，2002，6.

华人德.论北朝碑刻中的篆隶真书杂糅现象 [J].中国书法，1997，1.

赵立伟.魏三体石经历代出土与变迁考 [J].洛阳理工学院学报，2008，8.

赖非.金口坝刻经及相关问题 [J].中国书法，2010，9.

周建军，徐海燕.山东巨野石佛寺北齐造像刊经碑 [J].文物，

1997，3.

樊英民.兖州发现北齐造像记 [J]. 文物，1996，3.

赵声良.敦煌写卷书法（上）[J]. 文史知识，1997，3.

（日）藤枝晃著，白文译，李爱民校.中国北朝写本的三个分期 [J].
敦煌研究，1990，2.

王学仲.碑·帖·经书分三派论 [J]. 中国书法，1987，3.

（日）藤枝晃.敦煌写本概述 [J]. 敦煌研究，1996，2.

王振芬.从西晋元康六年《诸佛要集经》写本探写经体之源 [J].
书法丛刊，2006，6.

赖非.北朝后期的书法复古现象 [J]. 书法研究，1994，1.

刘元堂.中皇山北齐佛教刻经书法研究 [D]. 南京艺术学院硕士学
位论文，2008，6.

毛秋瑾.敦煌写经书法研究 [D]. 香港中文大学博士论文，2005.

戴家妙.关于楷书书体的概念与发生、发展过程 [J]. 书法研究，
2001，2.

毛秋瑾.从敦煌吐鲁番写本看僧尼与佛教写经及书法 [J]. 民族艺
术，2010，1.

毛秋瑾.官方与佛教写经：以敦煌吐鲁番写本为中心 [M]// 艺术
学研究，第 1 卷，南京大学出版社，2007.

陆锡兴.隶变是一个文字发展阶段 [J]. 历史教学，1992，9.

赵平安.隶变纵横谈 [J]. 历史教学，1992，9.

党现强.十六国书法与楷化趋势 [J]. 书画世界，2011，1.

段雪莲.魏晋南北朝墓志隶书中非完全隶变构件的特点 [J]. 现代
语文（语言研究版），2006，7.

朱智武.中国古代墓志起源新论兼评诸种旧说 [J]. 安徽史学，
2008，3.

吴炜.墓志铭起源初探 [J]. 东南文化，1999，3.

刘凤君．南北朝石刻墓志形制探源 [J]. 中原文物，1982，2.

侯学书．汉隶书的成熟形态 [J]. 书法研究，2005，5.

裘锡圭．从马王堆一号汉墓"遣册"谈关于古隶的一些问题 [J]. 考古，1974，1.

吴白匋．从出土秦简帛书看秦汉早期隶书 [J]. 文物，1978，2.

张同印．隶书名称的历史沿革辨析 [J]. 书法研究，2000，6.

陈道义．汉代文字瓦当与砖文的装饰意味及其文化阐释 [J]. 艺术探索，2008，4.

戴家妙．关于楷书书体的概念与发生、发展过程 [J]. 书法研究，2001，2.

刘涛．《长沙东牌楼东汉简牍》各体书法述要兼说早期行书、楷书的特征 [J]. 书法丛刊，2009，5.

安徽省文物考古研究所，马鞍山市文化局．安徽马鞍山东吴朱然墓发掘简报 [J]. 文物，1986，3.

济宁地区文物组，嘉祥县文管所．山东嘉祥宋山 1980 年出土的汉画像石 [J]. 文物，1982，5.

安徽亳县博物馆．亳县曹操宗族墓葬 [J]. 文物，1978，8.

蒋维崧．由隶变问题谈到汉字研究的途径和方法 [J]. 山东大学学报，1963，3.

张子英．磁县出土北朝墓志简述 [J]. 北朝研究，1996，3.

张子英．从磁县出土墓志考北齐高氏茔地 [J]. 北朝研究，1993，2.

沙孟海．近三百年的书学 [M]//20 世纪书法研究丛书·历史文脉篇，上海：上海书画出版社，2000.

周俊杰，姜寿田．论康有为的碑学思想 [J]. 书法研究，1997，2.

应成一．碑学和帖学 [M]//20 世纪书法研究丛书·考识辩异篇，上海：上海书画出版社，2000.

白蕉．碑与帖 [M]//20 世纪书法研究丛书·历史文脉篇，上海：

上海书画出版社，2000.

刘涛 . "碑学"发微 [M]// 书法谈丛 . 北京：中华书局，1999.

白谦慎 . 关于明末清初书法史的一些思考——以傅山为例 [J]. 书法研究，1998，2.

华人德 . 论长锋羊毫 [J]. 中国书法，1995，5.

华人德 . 论魏碑体 [J]. 中国书法，2000，6.

沃兴华 . 论名家书法与民间书法 [J]. 中国书法，2001，5.

黄惇 . 汉碑与清代前碑派 [M]// 游学华、陈娟安编辑 . 中国碑帖与书法国际研讨会论文集 . 香港：香港中文大学出版社，2001.

丛文俊 . 魏碑体考论 [M]// 揭示古典的真实——丛文俊书学学术研究论集 . 郑州：中州古籍出版社，2003.

胡湛 . 康有为书体风格学略论 [J]. 书法研究，1998，4.

王渊清 . 对清代碑学的成因及其文化意义的现代解释 [J]. 书法研究，1994，2、3.

华人德 . 评碑学和帖学 [J]. 书法研究，1996，1.

钱松 . 何绍基年谱长编及书法研究 [D]. 南京艺术学院博士论文，2008.

廖新田 . 清代碑学书法研究 [D]. 台湾师范大学硕士论文，1992.

柯耀程 . 龙门二十品书法风格研究 [D]. 台湾中山大学硕士论文，1994.

张总 . 北朝石刻佛经的书法面貌 [J]. 中国书法，2015，5.

后 记

我家住山东金乡，不远处便是嘉祥武梁祠。

高中毕业后，我便以优异的成绩考上了西安的一所高校。在西安读书期间，我不仅感受到了西北人的洒脱、豪放，还深刻感受到了汉唐气象的神韵。在本科即将毕业之时，我选择了考研，进一步深造。

2009 年 9 月，我怀揣着美好的人生梦想，来到了历史与文化积淀丰厚的江苏师范大学美术学院，秉承"崇德厚学、励志敏行"的校训，发扬"厚重笃实、艰苦创业"的精神，在美丽如画的校园，度过了难忘的时光。有幸师从侯学书和马亚两位老师，学习书法史论和创作。侯老师的睿智博学、严谨的治学态度和马老师谦逊的做人风格，都对我后来的为学为艺产生了重要的影响。研究生阶段，我对自己的专业结构进行了调整，尝试把大草书法作为自己的主攻方向，并强化对篆书的训练，开始有系统地阅读一些书法理论专业书籍，为研究生论文撰写做准备。

当时，导师对硕士论文的选题并没有限制，而是鼓励大家根据自己的学术兴趣找选题。在开题中看到上一届学长们对自己选题的熟练驾驭能力，我感到了自己将要面对的压力。在一次暑假去苏州木渎拜访华人德先生时，华老师建议我去研究一下北朝的墓志隶书，正是这次建议，坚定了我研究北朝碑刻的决心。当时，比我高一届的蚁重远学长正以接受美学的视角来研究魏碑在清代文人中的存在价值，学长黄辉正在专心研究北朝时期的摩崖刻经，他们都把学术关注点放在了北朝碑刻上。蚁重远注重对古代书法文献的梳理，站在文献材料的基础上理清魏碑接受的基本事实，还原历史的真实面貌。黄辉重在实地考察，通过近距离对事物本身的接触，来反观自己的研究思路。他先后考察了河北邯郸的响堂山刻经、涉县的中皇山刻经，邹县等地的刻经，并请教于当地的文史学者。黄辉在撰写论文过程中，山东石刻艺术博物馆的赖非老师和河北邯郸峰峰矿区响堂山石窟文物管理处的赵立春老师给予了很大的帮助。我的研究论文重在北朝墓志隶书本身，重视出土材料，并从文字学和书法学的视角进行解读。在研究中强调书法对文字的依存关系和文字在隶变中呈现出的书法形态。

硕士毕业至今已十年有余，而当年为书法痴迷的同学已在当今书坛崭露头角。近年来，我自己在书法上也取得了些许成绩，都离不开研究生阶段打下的专业基础。正是在书法上找准了自己的定位，使得我在书法前进的道路上少了许多羁绊，多了些自信。近日，恰逢浙江古籍出版社有意出版本书，才使昔日的研究成果不深埋于故纸堆。本书是以黄辉和本人的硕士论文为基础，并引用了蚁重远关于魏碑的部分研究成果，以《北朝石刻书法研究》为名出版。我们并对本书的目录框架重新设定，为便于观点的论述，论述的材料则服从于章节安排的需要。在具体的写作中，又增加了部分新的论述材料。

本书在编辑出版中，山东博兴县博物馆提供了馆藏的北齐佛教造像资料；苏州大学研究员、苏州书协名誉主席华人德先生审读了部分文稿，提出了宝贵修改意见；南京艺术学院金丹教授为本书撰写了前言，在此一并表示谢意。

2022 年 6 月 22 日

靳慧慧写于娄江